Christoph Sperling

LIEBE UMSONST

Biographische Skizzen zu Ferdinand Ulrich

Impressum

Zweite, verbesserte Auflage

www.weger.bz.it

Druck: A. Weger, Brixen 2024
Gestalterische Beratung: Ulrich Moskopp

ISBN: 978-88-6563-360-1

Christoph Sperling

LIEBE UMSONST

Biographische Skizzen zu Ferdinand Ulrich

Verlag A. Weger

Inhalt

Kindheit in Mähren

Mühldorf am Inn

Freising

Philosophiestudium in München

Wichtige Begegnungen, Habilitation und berufliche Anfänge

VORWORT

«Was (wer) zeigt sich meinem Herzen? Deinem Herzen?»

Langsam stieg der Rauch der brennenden Briefe in den klaren Himmel einer windstillen Herbstnacht empor. Wenige Jahre vor seinem Tod hatte Ferdinand Ulrich einen Freund gebeten, seine gesamte private Korrespondenz zu verbrennen. Darin enthalten waren unzählige Briefe von Freunden und Bekannten, mit denen er in unterschiedlicher Weise in Verbindung stand. Sehr viele von ihnen hatte er auch über Jahre geistlich begleitet. Die Briefe, die den Flammen übergeben wurden, hätten sicherlich viele wertvolle Hinweise zu seinem Leben und Denken gegeben. Doch offenbart gerade diese Entscheidung Ulrichs mehr als die in den Briefen enthaltenen Details das wichtigste Thema seines Lebens: die Liebe-umsonst. Die brennenden Zeugnisse seines unentwegten Dienstes an anderen Menschen stiegen empor wie der zur Ehre und Verherrlichung Gottes geopferte Weihrauch am Altar.

Wer war Ferdinand Ulrich?[1] In den ersten Zeilen seines großen Erstlingswerks *Homo abyssus* weist Ulrich auf ein Zitat von Thomas von Aquin hin, um die Hinfälligkeit unserer Erkenntnis und unserer Antworten zu verdeutlichen: „Unsere Erkenntnis ist so hinfällig, daß kein Philosoph jemals die Natur einer einzigen Fliege hat vollkommen erforschen können."[2] Um wieviel mehr gilt dies für die Erforschung des Menschen selbst, der nach Ulrich ein abgrundtiefes Wesen ist, ein Geschöpf Gottes, ein unverfügbares Geheimnis, das sich nie vollständig ergründen läßt. Was den Menschen Ferdinand Ulrich im Tiefsten ausmacht, bleibt verborgen. Auch die beste

1 Sehr geeignete Kurzeinführungen zur Person von Ferdinand Ulrich bieten folgende Texte: Leopold von Jagwitz, Nachruf auf Ferdinand Ulrich, in: http://johannes-verlag.de/jh_ulrich_nachruf.pdf; Stefan Oster SDB, *Von der Liebe, die umsonst ist – zu Ehren von Ferdinand Ulrich* (Predigt beim Begräbnis von Ferdinand Ulrich in der Pfarrkirche St. Nikolaus in Mühldorf am Inn), 21.02.2020, in: https://stefan-oster.de/von-der-liebe-die-umsonst-ist-zu-ehren-von-ferdinand-ulrich/; Manuel Schlögl, Denker und Pilger, in Communio, Ausgabe 2/2021, 47-50. ; Manuel Schlögl, *Denken in der Liebe und das konsequent leben,* in: Die Tagespost, 08.04.2022, https://www.die-tagespost.de/kultur/denken-in-der-liebe-und-das-konsequent-leben-art-227349. Quellen aus dem Internet zuletzt abgerufen am 07.11.2023.

2 Thomas: In symb. apost.1; zitiert in: Ferdinand Ulrich, *Homo Abyssus, Das Wagnis der Seinsfrage,* Einsiedeln ^{2}1998, 7.

Biographie wird Ferdinand Ulrich nicht gerecht werden. Und doch: eine noch so bruchstückhafte Kenntnis über Ulrichs Leben würde denjenigen, denen er unbekannt ist, helfen, sein Werk tiefer zu verstehen. Sie würden aber vor allem verstehen, warum so viele, die Ulrich persönlich kannten, „von seiner menschlichen, intellektuellen und spirituellen Größe beeindruckt"[3] waren – und zugleich und vor allem von dem, was und wen er bezeugte.

Von daher ist es ein Glücksfall, daß Christoph Sperling im Jahre 2003 ein sehr langes Gespräch mit Ulrich über sein Leben geführt hat. Und es ist Sperlings großes Verdienst, daß er sehr behutsam mit dem ihm Anvertrauten umgegangen ist und Ulrich möglichst oft selbst zu Wort kommen läßt. Sperling ermöglicht damit erstmals denjenigen, die Ulrich nicht mehr persönlich gekannt haben, seinem frühen Lebensweg nachzuspüren. Ulrichs Zeugnisse werden dabei durch viele hilfreiche Hinweise Sperlings miteinander verknüpft, ergänzt, in einen größeren Kontext gestellt sowie mit reichem Bildmaterial illustriert. Vor allem auch die Kapitel am Ende des Buches bieten sehr wertvolle Einblicke über Personen wie Romano Guardini, Gustav Siewerth, Wilhelm Klein SJ und Hans Urs v. Balthasar, die Ulrich in unterschiedlicher Weise intellektuell, geistlich oder persönlich beeinflusst haben.

Ulrich geht es bei all dem, was er von seinem Leben preisgibt, nicht um eine reine Berichterstattung oder gar eine psychologische Selbstanalyse. Es geht ihm um nichts anderes als die Wahrheit der menschlichen Existenz. „Was (wer) zeigt sich meinem Herzen? Deinem Herzen?"[4], fragt Ulrich an einer Stelle in seiner letzten Schrift *Virginitas foecunda*. Ulrich geht es darum, Zeugnis zu geben von dem, was sich ihm in jungen Jahren offenbarte, was ihm geschenkt wurde und was in der Tiefe seiner Existenz aufleuchtete.

Auch die Sprache und Erzählweise seiner Erinnerungen geben Zeugnis von dem, um was es Ulrich geht. Die einfache, lebendige Sprache der mündlichen Erzählungen steht zwar auf den ersten Blick im Gegensatz zur sehr dichten und oft schwer verständlichen Sprache seiner streng philosophischen Schriften. Beide sind jedoch Ausdrucksweisen des einen Sprechenden, der der Wahrheit dienen und der Wirklichkeit gerecht werden will. Ulrichs Lebenserzählungen verharren dabei nicht in einem rein linearen Ablauf der Ereignisse und Erfahrungen, sondern sie kreisen, wie seine philosophischen Werke auch, immer tiefer um eine Mitte, die das Grundthema seines Lebens ist. Daher gibt Ulrich in der Erzählung seiner Kindheits- und Jugenderinnerungen an manchen Stellen auch Ausblicke auf sein späteres Leben.

3 Manuel Schlögl: *„Denker und Pilger"*, in: Communio, Internationale Katholische Zeitschrift, Ausgabe 2/2021, 47.
4 Ferdinand Ulrich: *Virginitas foecunda. Krippe und Kreuz – Fruchtbare Jungfräulichkeit.* Schriften VI. Einsiedeln, 2021, 14.

Immer betrachtet Ulrich das Erlebte und Erfahrene im Lichte der einen Wahrheit. Er versteht sein eigenes Leben von Anfang an als einen Pilgerweg, auf dem es nur um eines ging: lernen zu lieben umsonst. Ausdrücklich wurde dies vor allem aber Mitte der 80er Jahre, als er ab dieser Zeit viele seiner Briefe mit „Kleiner Pilgerbruder Jesu" unterzeichnete. Und in seinen letzten Lebensjahren stellte er sich, wenn er jemanden anrief, oft mit den Worten vor: „Hier ist der alte Pilger." Enge Gefährten auf seinem Pilgerweg mit und zu Jesus Christus waren ihm Charles de Foucauld und vor allem Thérèse von Lisieux, die er liebevoll als seine Freundin bezeichnete[5]. Bereits im frühen Kindesalter empfing Ulrich von ihr das Thema, das ihn sein gesamtes Pilgerleben lang prägte: „Bei dir geht es darum, daß du *liebst*."[6] 23 Jahre später machte Ferdinand Ulrich als junger Mann eine ebenso tiefe Erfahrung, die ihm zeigte, wie das Gratis der Liebe gerade auch in der Vergeblichkeit des Lebens „ist und west und lebt und wächst und wirkt und blüht und fruchtet."[7] Eine innere Stimme sagte ihm: „Du mußt dein Kreuz umsonst tragen, aus Liebe".[8]

„Liebe ist Umsonst-gratis im Umsonst-frustra, unvermischt und ungetrennt"[9] – diese Erkenntnis durchzieht sein Leben und im Grunde sein gesamtes philosophisches Werk, am ausdrücklichsten wohl in *Leben in der Einheit von Leben und Tod*. Dabei geht es Ulrich nie nur um eine rein intellektuelle Erkenntnis. In seiner scheinbar abstrakten, spekulativen Philosophie geht es immer auch um den je konkreten Menschen. Hinter den philosophischen Begriffen Wahrheit, Freiheit und Sein verbirgt sich immer auch die je konkrete Existenz des Menschen. Je weiter Ulrich auf seinem Pilgerweg fortschritt, desto mehr spürte er, daß auch er selbst immer tiefer verstehen und lernen sollte – nicht nur durch sein Denken und Schreiben, sondern zuallererst durch sein „Fleisch und Blut"–, Zeugnis von der Liebe Gottes zu geben, Zeugnis von dem fruchtbaren Wirken des Hl. Geistes, der als „ ‚digitus paternae dexterae', der Zeigefinger der Rechten des Vaters, das WORT des Lebens mit dem Blut des Lammes ‚auf Herzen aus Fleisch' "[10] und nicht nur mit Tinte auf Buchseiten aus Papier schreibt.

5 Ebd., 3.
6 Christoph Sperling, *LIEBE UMSONST, Biographische Skizzen zu Ferdinand Ulrich,* Brixen 2024, 21f.
7 Ferdinand Ulrich: *Virginitas foecunda,* 14f: «Mitten im fruchtlosen Stroh, im sterblichen Fleisch, in all unseren Vergeblichkeiten, im ohnmächtigen Scheitern, in der Leere unerfüllter Zeit, in hilfloser Schwachheit und nackter Einsamkeit, im Umsonst (frustra) des „Alles-ist-für-nichts", -- eben darin, nicht daneben oder darüber: ist und west und lebt und wächst und wirkt und blüht und fruchtet die schöpferische, jungfräuliche Armut der Liebe-umsonst; atmet die „gratuité de l'amour", das ab-gründige (grund-lose, weil warum-lose) Umsonst (gratis) der Barmherzigkeit des VATERS.»
8 Christoph Sperling, *LIEBE UMSONST,* 23.
9 Ebd.
10 Ferdinand Ulrich: *Virginitas foecunda,* 13.

In Ulrichs Herz wurde ein tiefer Glaube geschrieben, aber schon früh auch die Zerbrechlichkeit und Vergänglichkeit des Lebens. Krieg und Vertreibung, persönliche Krisen und Krankheiten, all diese leidvollen Erfahrungen ließen ihn an eigenem Leibe spüren, wie vergeblich das Leben ist. Auch die dunkle Nacht der Glaubenszweifel und die Abgründe teuflischer Versuchungen waren ihm nicht fremd.[11] Widerstehen konnte er diesen mit der Gnade eines bedingungslosen, nackten Glaubens. Gerade im „Frustra" seines eigenen Lebens offenbarte sich das „Gratis" der gekreuzigten Liebe Gottes.

Zeit seines Lebens strebte Ulrich wie kaum ein anderer danach, immer tiefer in dieser Einheit von Gratis und Frustra, Leben und Tod, zu denken und vor allem zu leben. In einer ungewöhnlichen Schau seiner eigenen Geburt[12] erkennt er, was das Ziel seines Lebens ist: sein von der unendlichen Liebe Gottes geschenktes Leben nicht festzuhalten wie an einem Raub, sondern es immer mehr – aus Liebe zu Christus und durch leidvolle Erfahrungen hindurch – loszulassen, alles „durch ihre [= Marias] Vermittlung IHM, dem ‚auferstandenen Toten' "[13] restlos zu übergeben. So war es auch sein Wunsch, daß auf seinem Sterbebild der Vers 14,8 des Römerbriefes gedruckt wurde: „Leben wir, so leben wir dem Herrn; sterben wir, so sterben wir dem Herrn. Ob wir nun leben oder sterben, wir gehören dem Herrn."

Es ist kein Zufall, daß Christoph Sperling dieses Buch mit dem Kapitel „Ein großer Beter" abschließt. Ulrich verstand das Beten im Tiefsten als Dank, als einen „Grundakt der Kreatur"[14] und betete in großer Treue, kindlichem Vertrauen und tiefer Hingabe. Er sah sich selbst als Cooperator, der sich dem ewigen Zuerst der Liebe Gottes übergibt und mit Hilfe Seiner Gnade mitwirken kann, daß er „als der im Sohn geliebte durch IHN im Heiligen Geist zum Vater beten kann."[15] Wie ein Freund einem Freund gegenüberstehend, sprach Ulrich stets alles mit dem Herrn aus – auch im Kleinsten und in den Mühen des Alltags. Seine innigste Sehnsucht war, daß alles zur Verherrlichung des einen dreifaltigen Gottes geschehe: ad maiorem Dei gloriam.

Georg Denicolo

11 Vgl. ebd., 60ff.
12 Vgl. Christoph Sperling, *LIEBE UMSONST,* 12f.
13 Ferdinand Ulrich, *Virginitas foecunda,* 2.
14 Ferdinand Ulrich, Gebet als geschöpflicher Grundakt, Einsiedeln, 1973, 98.
15 Christoph Sperling, *LIEBE UMSONST,* 92.

Einführung

«Der von Gott im Bilde Gottes geschaffen ist, den kennt nur die ewige Liebe, die dem Menschen innerlicher ist als er sich selber.»

Kein Mensch kann sagen, wer ein anderer ist. «Der von Gott im Bilde Gottes geschaffen ist, den kennt nur die ewige Liebe, die dem Menschen innerlicher ist als er sich selber.» Und «diese Dimension will sich nur und kann sich nur und wird sich nur durch das Lamm öffnen, das die Siegel des Buches löst». So sagte mir einmal Ferdinand Ulrich.

Viele seiner zahlreichen Briefe und Karten pflegte er zu unterzeichnen mit «Ihr Kleiner Pilgerbruder von Jesus, Ferdinand Ulrich». In dieser Selbstbezeichnung, die sein müdes Gesicht lächeln ließ, als ich sie bei einem meiner letzten Besuche an seinem Krankenlager erwähnte, wird deutlich, in welcher Weise er sein Leben verstanden hat.

Nachdem nun der irdische Pilgerweg Ferdinand Ulrichs sein Ende gefunden hat, möchte ich einiges von dem, was mir der «Kleine Pilgerbruder» über sein Leben anvertraut hat, mit anderen teilen. Es liegt mir dabei fern, den Weg Ulrichs als Mensch und Philosoph umfassend beschreiben, erläutern oder gar einordnen oder bewerten zu wollen. Hier wird keine Biographie vorgelegt. Ich möchte das von ihm selbst Berichtete weitergeben, vor allem denen, die erst jetzt oder in Zukunft sein philosophisches Werk entdecken, ohne das Glück zu haben, dem Autor selbst begegnet zu sein.

Im Jahr 2003 verbrachte ich mit Ferdinand Ulrich einige Ferientage in einem bayerischen Ordenshaus, während derer er auf meine Fragen hin mir viel aus seinem Leben berichtete. Das vorliegende Buch speist sich vor allem aus meinen damaligen Aufzeichnungen. Zitate ohne besondere Kennzeichnung beziehen sich auf diese Gespräche. Der Leser begegnet der lebendigen, oft mundartlichen Rede, die nicht als druckreifer Text gedacht war. Oft fasse ich zusammen, was Ulrich damals oder bei anderer Gelegenheit erzählt hat; oder ich beziehe mich auf Informationen von Dritten. Dabei stehen vor allem die Jahre seiner Kindheit und Jugend im Mittelpunkt, obgleich an manchen Stellen sich Ausblicke in sein späteres Leben ergeben.

Ich möchte diesen Seiten ein Wort voranstellen, mit welchem Ferdinand Ulrich selbst vor zwanzig Jahren seine Erzählintention wiedergab:

«Im Namen des Vaters und des Sohnes und des Heiligen Geistes möchte ich einfach erzählen, wenn nur in all dem Du verherrlicht wirst, auch in dem, was ich an Elend und Not und Gefallen-Sein und Nacht und Finsternis, wenn es sich ergibt, erzählen werde, daß das alles ein Lobpreis Deiner Herrlichkeit ist, auch wenn man das nicht direkt an dem Erzählten ablesen kann… Das ist mein Herzenswunsch».

Möge dieser Herzenswunsch auch der unsrige sein, wenn wir die folgenden Seiten lesen.

Christoph Sperling, 8. Dezember 2023

Kindheit in Mähren

Geburt

«Der Pilger wurde am 23.2.1931 geboren in Odrau, einem kleinen Ort in der Nähe von Fulnek.»

«Der Pilger wurde am 23.2.1931 geboren in Odrau, einem kleinen Ort in der Nähe von Fulnek [in Mähren]. Odrau – das kommt von Au an der Oder.» Dort befand sich ein Krankenhaus. Der Arzt hatte schon vorausgesehen, daß es eine sehr schwere Geburt und ärztlicher Beistand notwendig werden würde. Die Mutter erzählte später, wie der Arzt nach der Geburt zum Säugling sagte: «Du Kerl, du, wie hast du jetzt deine Mutter gequält!» Der Säugling war von Gewicht und Konstitution «ein sehr stabiles Wesen», «aber vielleicht auch einer, der diesen Schoß nicht gern verlassen wollte». Es war ein strenger Wintertag, mit noch sehr hohem Schnee. Der Vater[16] freute sich sehr über die Geburt seines Sohnes, der sein einziges Kind bleiben sollte. Nach etwa einer Woche kam die Mutter nach Hause, nach Fulnek,[17] wo Ferdinand dann bis zum Ende des Krieges lebte. Es war eine wunderschöne, paradiesische Jugend. «Meine Kindheit ist wie ein schöner großer Tag, obwohl ich auch viel gelitten habe.»

«Um das Jahr 1990 herum hatte ich eine Zeit des Betens – das hat mir der Herr geschenkt –, in der ich wie nie zuvor in meinem Leben immer wieder im Gebet zurückgekommen bin auf meine Geburt, ohne daß ich das angestrebt oder intendiert hätte... Ganz von selbst bin ich in meinem Geborenwerden gewesen und zwar physisch spürbar... Das war ein paar Jahre so, da bin ich immer wieder in meine Geburt zurück, in den Tag, wo ich das sogenannte Licht der Welt erblickt hab... Das habe

16 Mutter Adele Ulrich, geb. Brosch, *16.3.1906, †17.1.1975; Vater Ferdinand Ulrich, *6.10.1894, †21.11.1947. Sie heirateten am 8.10.1929 in Neutitschein.

17 Die Stadt Fulnek im Kuhländchen war eine Stadt der Krippenbauer. Vgl. *Alte Heimat. Kuhländchen,* Wiesenbach, 1976, 412ff; 1983, 505ff; 2002, 578; 2006, 578; Fridolin Scholz, *Kuhländchen, unvergessene Heimat,* Leer 1998, 203. Es scheint uns beachtenswert, daß Ulrichs letzter Text, *Virginitas foecunda*, eine Krippenmeditation ist.

ich so tief erlebt, wie ich da in einer Art Todeskampf, in einem Ausgesetzt-Sein, einer tiefen Verwundung, in einem Trauma aus dem Mutterschoß herausgekommen bin wie aus einem schwarzen Tunnel, und dann mein erster unter Anführungszeichen ‹Gedanke› war – reflektierend habe ich nichts gedacht, aber in einer ganz tiefen Bewußtheit habe ich etwas ganz Schreckliches erlebt –: daß ich irgendwie spürte: ich leb; [ich] bin ganz tief in mich hineingegangen wie auf den Grund meiner Existenz und hab mich wie einer, der einen Schatz bewacht, über mein eigenes Leben gebeugt und hab es festgehalten.» Und – ohne Worte – gedacht: «Das nimmt mir niemand mehr. Das ist mein Leben. Und dorthin kommt niemand… Das war wie auf dem Grund eines Sees, wo ich mich als der Wächter und Besitzer, Inhaber und Verwalter und Herr meines eigenen Lebens über mich gebeugt habe und zwar gegen die Angst, die ich gespürt habe in diesem Augenblick, eine furchtbare Angst, daß mir das, was ich jetzt da habe und wozu ich jetzt gekommen bin, genommen wird, daß ich das hergeben muß. Und gegen diese Angst habe ich mich auf mich selber zurückgebeugt und gespürt in meiner Seele, daß ich etwas Verkehrtes tue. Das war meine erste Sünde. Das habe ich jahrelang immer wieder erlebt im Gebet, diesen Augenblick, wo ich mein Leben an mich reiße, wo ich das Sein als Gabe festhalte…

Das war meine Geburt. *In Sünde hat mich meine Mutter empfangen*[18] und in Sünde mich geboren, und ich mich selber auch in Sünde empfangen und angenommen. Da tief innen ist, was dann später in diesen Regionen der Reflexion *Substantiierung des Seins* heißt, wirklich geschehen. Das ist die Sünde, das Festhalten, das Nicht-Glauben: Da ist mir etwas umsonst geschenkt, das ist in mir und bei mir, mir übereignet, in mich hinein verendlicht aus Liebe; Gott hat mir das aus unendlicher Liebe geschenkt und mir ein unbedingtes Ja in Fleisch und Blut eingesenkt, das Ja seiner treuen Liebe.» Und dann: «Wenn ich das nicht halte, dann kann mir das möglicherweise noch einmal genommen werden, das kann ich vielleicht verlieren. Das sichere ich jetzt ab. Da beuge ich mich wie ein Räuber über seinen geraubten Schatz. Genau das Gegenteil vom Herrn: ὅς ἐν μορφῇ θεοῦ ὑπάρχων οὐχ ἁρπαγμὸν ἡγήσατο τὸ εἶναι ἴσα θεῷ, – nicht wie einen Raub erachtete er, hielt er das Gleichsein mit Gott: ἁρπαγμὸν – wie einen Raub, ja, das war meine Sünde [vgl. Phil 2, 6]. Und so ist dieses kleine Würmchen da zur Welt gekommen: in Sünde – ins Leben und im selben Augenblick in den Tod.»[19]

18 Vgl. Psalm 50 (51), 7.
19 Vgl. Ferdinand Ulrich, *Virginitas foecunda,* 20.

Familie

«Sie hatte Augen wie zwei Kristalle und ein ungeheuer gütiges Gesicht, ganz voller Liebe und Gottvertrauen.»

«Von meiner Taufe, die ein bißchen später war, weiß ich nichts. Nur, daß ich Ferdinand[20] getauft wurde, wie mein Vater hieß und mein Großvater väterlicherseits. Und Georg, das ist mein zweiter Vorname, wie der Vater meiner Mutter. Der hieß Georg Brosch, war Gastwirt und hatte ein hübsches steirisches Mäd-

Foto 1898 - Maria Malli, Großmutter mütterlicherseits

Georg Brosch, Großvater

20 In ein Gebetbuch notierte Ferdinand Ulrich später, daß das Kampfzeichen seines Namenspatrons, des hl. Ferdinand von Kastilien, das Bild der Gottesmutter war. Der hl. Ferdinand III. von Kastilien (1199–1252) nahm außer einem entsprechenden Banner auch eine am Sattelbogen befestigte kleine Figur der Muttergottes auf seine Schlachten gegen die Mauren mit: die sogenannte Virgen de las Batallas, die noch heute in der Sakristei der Kathedrale von Sevilla zu sehen ist. Es handelt sich um ein Geschenk, das der hl. Ludwig von Frankreich seinem Cousin gemacht hatte.

chen namens Maria Malli[21] geheiratet von einem Weinbauern mit vielen Kindern aus [Glanz bei] Leibnitz in der Nähe von Graz.

Meine Mutter ist aufgewachsen in Luck[22], einem kleinen Dorf in der Nähe von Fulnek. Dort hatte mein Großvater das Dorfgasthaus. Den Großvater habe ich noch gekannt. Die Großmutter war früh gestorben. Und meine Mutter bekam eine Stiefmutter, die auch Kinder mit in die Ehe brachte. Meine Mutter hat dann sehr gelitten, war ganz allein. Ich glaube, als sie elf oder zwölf Jahre alt war, starb ihre Mutter. Sie hat ungeheuer gelitten unter ihrer Stiefmutter, die ihre eigenen Kinder bevorzugte. Sie hatte dann in der Schule einen sehr guten Religionslehrer, P. Michalek. Der hat ihr das Orgelspiel beigebracht, sie auf die Dörfer zum Orgelspielen mitgenommen und ihr einen schönen Rosenkranz geschenkt, der bei mir in Regensburg auf dem Tisch liegt.»

Mutter Adele Ulrich

Der Großvater mütterlicherseits verkaufte dann den Gasthof und zog nach Fulnek. Dort hat er am Stadtplatz ein Gasthaus – «wenn ich mich richtig erinnere, hieß das ‹Zu den drei Fürsten›» – übernommen. Etwa 1938/39 hat er das Gasthaus aufgegeben und ist in die Nähe von Neutitschein[23] gezogen. Als Ferdinand Ulrich etwa zehn Jahre alt war, starb die Stiefmutter seiner Mutter unter großen Leiden an Leberkrebs. Als die eigenen Kinder sie im Krankenhaus in Neutitschein nicht besuchten, nahm sich ihre Stieftochter ihrer an, war einige Tage und Nächte bei ihr und berichtete dann ihrem Sohn, daß etwas Wunderbares geschehen sei, «daß diese Frau unter ungeheurer Liebe und unter furchtbaren Tränen und Schmerz meine Mutter ganz als Kind angenommen hat im Tod… Sie sind im Frieden dann voneinander gegangen».

21 Der Name Malli bzw. Mali kommt in Kärnten häufig vor. Vermutlich ist er slowenischen Ursprungs, da «mali» im Slowenischen «der Kleine, Kleines, der kleine Mann» bedeutet. Großmutter Maria Malli, *1877.
22 Tschechisch Lukavec, heute eingemeindet in die Stadt Fulnek.
23 Tschechisch Nový Jičín, ca. 18 km südöstlich von Fulnek, der Hauptort im Kuhländchen.

Mütterlicherseits hatte Ferdinand Ulrich eine alte heiligmäßige Tante Marie. Sie war ihr ganzes Leben lang Dienstmädchen. «Sie hatte Augen wie zwei Kristalle und ein ungeheuer gütiges Gesicht, ganz voller Liebe und Gottvertrauen.»

Eine andere Tante, Aloysia Brosch, war eine der ersten Frauen, die in Prag an der Universität Medizin studierten. Sie war Hausärztin beim Fabrikanten Hückel in Neutitschein. Sie steckte sich bei ihren Patienten an und starb jung an Tuberkulose. Eine weitere Tante aus der Familie Brosch, Anna Bogdanecka, war verheiratet mit einem Sparkassendirektor und lebte als Pianistin in Prag. Sie war eine «wunderbare, ganz tiefe, fromme Frau, die mich schon als Kind dem Prager Jesulein geweiht hat».

Stiefgroßmutter Brosch

Der kleine Ferdinand am 29.12.1933

Väterlicherseits stammte Ferdinand Ulrich von äußerst armen «Häuslern» ab. Sein Großvater Ferdinand war ein einfacher Fabrikarbeiter in der Packerei der Hutfabrik Hückel. Sein Vater Ferdinand hatte zwei Brüder: Ernst und Josef. Ernst, sein Lieblingsbruder, starb mit zweiundzwanzig Jahren an Lungentuberkulose. Als Ferdinand noch sehr klein war, warnte sein Vater ihn vor seinem Onkel Josef, von dessen späterem Verbleib die Familie lange nichts wußte. Erst etwa fünfzig Jahre danach meldete sich ein Nachlaßverwalter aus einem kleinen Dorf an der DDR-Grenze. Im Keller des verstorbenen Onkels befanden sich Spezialabhörgeräte, die sofort beschlagnahmt wurden.

Nachdem seine erste Frau, die Großmutter Ferdinand Ulrichs, früh verstorben war, heiratete der Großvater eine «ganz einfache Magd», die zwei weitere Kinder mit in die Ehe brachte. Eine «ganz liebe Frau». Später, als ihr Enkel Ferdinand in großer Not Hungerödeme hatte, «teilte sie den letzten Brocken» mit ihm: «Mit ungeheurer Liebe hat sie sich mir zugewandt.»

In Fulnek gab es viele Juden.[24] Um das Jahr 1910 ging der Großvater eines Tages zum Friseur Abendroth zum Rasieren. Da hatte sein Sohn gerade die Schule beendet. Als der Friseur fragte, warum er weine, erklärte er, daß er keine Lehrstelle für seinen Sohn finde. «Das hat diesen guten Juden so sehr gerührt, daß er zu meinem Opa gesagt hat: ‹Den nehm ich.›» Auf diese Weise kam der Vater zu seinem Friseurberuf. Später eröffnete er im Haus der Familie ein Friseurgeschäft. Die Adresse war Stadtplatz Nr. 3, nach vormaliger Zählung Nr. 75. Im Krieg wurde alles zerstört, der ganze Platz. Das Haus stand zwar noch, aber ohne Dach. Es wurde dann gesprengt.

„Wenn ich als Junge aus dem Fenster (1. Stock) unseres Hauses sah, da sah ich diesen Stadtplatz."

24 Der bekannte Schoah-Überlebende Max Mannheimer (†2016 in München) wurde 1920 im nahen Neutitschein geboren.

«Mein Vater war ein ganz aufrechter katholischer Christ, ein sehr gläubiger Mann, ein tiefer Verehrer des Herzens Jesu», zweiter Bürgermeister in Fulnek, Mitglied der Zentrumspartei,[25] «ein Mensch, der ungeheuer viel anderen Menschen geholfen hat, vor allem den Juden», aber auch den Tschechen. Die Juden kamen zu Beginn der Verfolgung, etwa 1936/37, öfter nachts zum Vater, um sich zu beraten. Die Nationalsozialisten boykottierten das Friseurgeschäft, sodaß Vater Ulrich sich gezwungen sah, in die NSDAP einzutreten. Aber schließlich mußte er das Geschäft doch aufgeben. Die Juden wurden nach Auschwitz abtransportiert. Der Vater kam als Finanzangestellter ans Finanzamt nach Neutitschein.

Ein altes Foto (S. 19 oben links) zeigt Ferdinand im Alter von zwei Jahren und fünf Monaten. Nach 70 Jahren konnte er sich genau erinnern, wie es entstanden war. «Meine Mutter wollte unbedingt ein Foto machen für die Tante Anna Bogdanecka in Prag»: Ferdinand war zweieinhalb Jahre alt. Die Mutter photographierte ihn bei der Statue der Muttergottes vom Schnee in der Nähe des Kapuzinerklosters.[26]

Ferdinand an seinem fünften Geburtstag.

25 1870 gegründete katholische Partei.
26 Das Kloster bestand von 1674 bis 1945.

Vor der Marienstatue

Etwa 60 Jahre später am selben Ort

Bild für Tante Anna Bogdanecka

Zur freundlichen
Erinnerung
an unseren Liebling
Jiri Delisch
2 Jahre und 5 Monate alt.

Ferdinand wollte sich aber nicht photographieren lassen und preßte aus Widerwillen seine Knie gegeneinander. Dann sollte er vor der Muttergottes niederknien und beten. Zwei andere Kinder beobachteten ihn, was ihm sehr unangenehm war. Er bat die Muttergottes um Verzeihung, daß er dort etwas tat, was er eigentlich gar nicht wollte, und versprach, später richtig zu beten.

Sechzig Jahre nach diesem Erlebnis kam er mit P. J. Servais SJ[27] und den Studenten der *Casa Balthasar* an denselben Ort zurück. (Foto: S. 19 oben rechts)

„Hier stand einmal unser Haus."

27 P. Jacques Servais SJ, *07.04.1949 in Belgien, Theologe, Prof. em. der Päpstlichen Universität Gregoriana, 1990–2023 Direktor der Casa Balthasar in Rom.

Gnadenstunde in der Pfarrkirche

«Aber die hat mich einfach immer angeschaut in sehr großer Güte.»

Mit drei oder vier Jahren erkrankte Ferdinand schwer an Scharlach. Er mußte mit seiner Mutter zu Hause in Quarantäne bleiben. Wochenlang war er «auf Leben und Tod». «Eine furchtbare Zeit, wo so ganz viel Todesangst über mich gekommen ist, und da zum ersten Mal auf diese Dimension hin, wo ich darüber gewacht habe, daß da niemand hinkommt.»

Eines Tages träumte Ferdinand einen wunderschönen Traum, in dem er auf einer sehr großen, langsam kriechenden Schildkröte saß (obwohl er noch nie eine gesehen hatte). «Ich bin auf ihr gesessen und hab das Gefühl gehabt, daß von irgendwo her ungeheure Kräfte in mich einströmen.» Von diesem Tag an wurde es besser. Aber er war so schwach, daß er auch nach Wochen noch nicht stehen konnte. Eines Tages brachte ihn seine Mutter zur hl. Therese in die Pfarrkirche. Es war ein warmer Sommertag. Die Mutter brachte ihn in einem «Wagerl» über die Stufen hinauf zur Kirche. Es war die «schönste Barockkirche von ganz Mähren».[28]

«Beim Eingang links ist der Altar der hl. Therese.[29] Meine Mutter ist gleich zum Altar hin. Sie hat geschluchzt und auch geschrieen. Ein solcher Widerwille ist in mir hochgekommen, eine solche Wut und Abscheu und Verachtung, ... Lieblosigkeit, die sich in furchtbarem Zorn und Bitterkeit geäußert hat... In mir hat es gekocht.» Das Bittgebet seiner Mutter zur hl. Therese war ihm ganz zuwider. Dann ist dieselbe Regung auch gegen die hl. Therese aufgekommen: «Abscheu, Wut und Zorn.» «Aber die hat mich einfach immer angeschaut in sehr großer Güte. Da ist meine Wut noch größer geworden. Da habe ich plötzlich in meiner Seele gehört: Bei dir geht es überhaupt nicht drum, ob du gesund wirst oder krank bleibst, ob du weiterlebst oder ob du stirbst. Sondern bei dir geht es darum, daß du...; und dann ist ein

28 Die Pfarrkirche Hl. Dreifaltigkeit war die Kirche des 1784 säkularisierten Augustinerklosters. «Die Kirche wurde in den Jahren 1748–1760 vom örtlichen Baumeister Nikolaus Thalherr an der Stelle eines mittelalterlichen Baus errichtet. Die intakte hochbarocke Ausschmückung der Pfarrkirche ist ein Werk der Bildhauer Franz Hiernle, Wenzel Böhm und Jan Schubert.» Der Hauptgrund für den barocken Umbau war das weinende Votivbild Mariahilf. Vgl. *Fulnek*, hrsg. von der Stadt Fulnek, Fulnek o.J.

29 Die Statue der hl. Therese von Lisieux steht vor dem Altar der Geißelung Jesu. Therese von Lisieux (1873–1897) wurde 1925, also nur sechs Jahre vor Ferdinand Ulrichs Geburt, von Pius XI. heiliggesprochen.

Statue der hl. Thérèse
in der Stadtkirche Fulnek

Wort gekommen, das ist in den Abyssus meines Seins gekommen, ein nicht ausgesprochenes Wort, ein Wort ohne Wortgestalt, und das hat mich in meiner tiefsten Seele so getroffen, daß ich gespürt habe (ausgedrückt in den Worten, die ich jetzt habe): Mein ganzes Leben steht jetzt auf dem Spiel durch dieses Wort. Dieses Wort hat mich in gewissem Sinn getötet, und zugleich habe ich gespürt: Ja, das ist das, worum es in meinem Leben geht. Und dann war ich ruhig. Und dann habe ich gemerkt, daß meine Mutter auch stiller geworden war. Dann hat sie mich im Wagen heimgeschoben. Und ich habe vier Wochen mit der Wirklichkeit gekämpft, die mich da getroffen hat, … und nach vier, fünf Wochen habe ich gespürt, daß ich mich dem, was mich da in den Kern meiner Existenz getroffen hat, ergeben habe, daß ich das angenommen habe. Viel später habe ich das Wort entdeckt: Bei dir geht es darum, daß du *liebst*. Und seitdem ist sie [die kleine Therese] meine Freundin. Das war das tiefste Erlebnis meiner Kindheit. Das ist alles ganz still vor sich gegangen. Eine ungeheuer tiefe Erfahrung.»

In innerem Zusammenhang mit diesem Erlebnis erzählt er, daß er 23 Jahre später, im Jahr 1958, in Mühldorf auf die Bestätigung seiner Habilitation aus Salzburg wartete, ohne die er die Stelle an der neugegründeten Pädagogischen Hochschule Regensburg nicht antreten konnte. Beim Schreiner Waxenberger am Stadtplatz ließ er sich ein großes Kreuz machen und startete nachts um zwei Uhr zu Fuß nach Altötting, mit der Bitte, endlich die Bestätigung zu erhal-

Therese 1934:
„Bei dir geht es nicht darum, ob du krank bleibst und stirbst oder gesund wirst und lebst, sondern daß du
liebst,
ob du nun lebst oder stirbst"

„Bei dir geht es nicht darum, ob du krank bleibst und stirbst oder gesund wirst und lebst, sondern daß du liebst, ob du nun lebst oder stirbst."

ten. «Hinter Weiding bei Tüßling ist ein furchtbarer Widerwille über mich gekommen. Ich tat das Kreuz in den Straßengraben und dachte: So ein Schmarrn, das ist doch alles ohnehin umsonst und wurscht, ich laß das Kreuz jetzt einfach liegen und geh zurück nach Mühldorf. Ich will nichts hören und sehen. Da hab ich eine Stimme in mir gehört, die ganz ruhig und in Frieden gesagt hat: *Du mußt dein Kreuz nicht tragen, um damit irgend etwas zu erreichen. Du mußt dein Kreuz umsonst tragen, aus Liebe.* Da hab ich das Kreuz genommen und bin zur Muttergottes nach Altötting, war einen Vormittag in der Kapelle. Als ich nach Mühldorf zurückkam zum Stadtplatz 66, stand meine Mutter freudestrahlend mit einem Telegramm aus Salzburg in der Tür: ‹Die Bestätigung ist da!› Das war das zweite Mal in meinem Leben derselbe springende Punkt.»

Dieses «Einfach so – aus Liebe» spielte auch in späteren Kämpfen, Ängsten und Versuchungen seines Lebens eine große Rolle: «Das geschieht alles, damit du immer mehr liebst, und zwar umsonst, einfach so. Was da aufgeht als tiefes Geheimnis meines Lebens, das ist genau das, was mir damals mit drei oder vier Jahren ins Herz gefahren ist am Altar der Kleinen Therese in Fulnek.»

«Liebe ist Umsonst-gratis im Umsonst-frustra, unvermischt und ungetrennt. Das ist mein Leben. Mehr hab ich nicht zu sagen. Punkt. Ferdinand Ulrich.»

Gelernter Lebensvollzug wurde dies für den Pilgerbruder Ferdinand Ulrich besonders in den letzten Lebensjahrzehnten seit 1983/84. In seinem letzten Büchlein *Virginitas foecunda* beschreibt er etwa zwei Jahre vor seinem Tod in Bezug auf den biblischen Ijob diese Erfahrung: «So entfaltet sich das ganze Buch Ijob als erschütterndes Drama des schmerzlichen Wachstums, der Bewährung und Reifung Ijobs durch und für und in der Liebe-umsonst, die in ihm schon zutiefst gegenwärtig ist.» [30] Ulrich sprach von einer großen Vergeblichkeit seines Lebens. «Dieses Frustra ist die Fleischesgestalt der Liebeswirklichkeit der Liebe, die umsonst ist, die Gott selber ist. Die Vergeblichkeit ist die Fleischesgestalt der Vergebung. Das Umsonst der Vergeblichkeit ist die Fleischesgestalt der Liebe, die umsonst ist.»

Dies sei in philosophischer Sprache auch der eigentliche Inhalt seines Werkes *Homo abyssus.*[31] P. Franz von Tattenbach SJ sagte ihm, er solle darüber ein kleines Büchlein schreiben, aber er erkannte: «Ich muß selber das kleine Büchlein sein … wie ein Weizenkorn, das in die Erde fällt.» Der Herr wolle, daß das in dieser Welt einfach und ausschließlich für Ihn geschehe.

30 Ferdinand Ulrich, *Virginitas foecunda,* 71.

31 Ferdinand Ulrich, *Homo abyssus,* Einleitung von Martin Bieler, S. XXIV ff. Vgl. dazu: D. C. Schindler, *A Companion to Homo Abyssus,* Humanum Academic Press, Washington 2019.

Erstes Philosophieren

«Es gibt eine Zeit, wo das Ganze gelöst werden wird.»

«Mein erstes Philosophieren war am intensivsten in den ersten vier, fünf Wochen nach der Begegnung mit der hl. Therese. Da ist die Hauptthese behandelt worden, daß das Sein Liebe ist.»

An einem schönen Herbsttag ging er als kleiner Junge mit seinem Vater in Fulnek spazieren. Sie gingen über die Treppe hinauf, die vom Stadtplatz zur Pfarrkirche und zur Volksschule führte, welche Ferdinand besuchte und wo auch Johann Amos Comenius von 1618 bis 1621 in der Gemeinde der Böhmischen Brüder gewirkt hatte.

Schule und Pfarrkirche in Fulnek

„In diesen kilometerlangen(großen) Wäldern streifte ich (spielerisch) als Kind, wann immer es möglich war."

Dahinter befanden sich herrliche Wälder. Ferdinand sammelte wunderschöne bunte herbstliche Blätter. Auch der Vater sammelte Blätter. Als sie die Blätter anschauten, kam eine ungeheure Traurigkeit über ihn, weil einige Blätter seines Vaters Löcher, Knoten und schwarze und braune Stellen hatten. Der Vater sagte zu ihm: «Aber schau, das gehört auch dazu.» Diese Worte vergaß er nie. «Das war für mich furchtbar, daß das zum Leben gehört.» Wochenlang hat er dann darüber nachgedacht. «Ich glaub, da hab ich wirklich philosophiert.» Es gab dort eine Höhle, in die er sich täglich verkroch. Dort dachte er ganz allein darüber nach, wie es sich damit verhält. Wochenlang kam er zu keinem Ergebnis. Aber dann war es, als würde sich in seiner Brust ein offener Weg auftun. Und er hörte eine Stimme ohne Worte: «Es gibt eine Zeit, wo das Ganze gelöst werden wird.» Damit hatte er kein Bedürfnis mehr, sich in der Höhle zu verkriechen.

Heilung vom Stottern

«Du stehst da so ganz ruhig und bist, was du bist.»

Im Alter von sieben, acht oder neun Jahren, als Ferdinand noch in Fulnek zur Schule ging, stotterte er sehr stark. Diese Störung, unter der er außerordentlich litt, hatte er vorher nicht gehabt. Sie wurde manchmal besser, dann wieder schlimmer und dauerte eine längere Zeit. «Jetzt drücke ich es einmal in den Worten aus, in denen ich jetzt denken und sprechen kann: Ich habe mich durch dieses Stottern ganz ohnmächtig gegenüber der Wirklichkeit und meiner Umwelt und meiner Mitwelt gefühlt. Eine ungeheure Ohnmacht, also eine Hilflosigkeit, eine Unsicherheit. So oft habe ich mich gefühlt, als würde mich irgend etwas innerlich auf einen Punkt treiben, wo ich mich mit letzter Kraft selber irgendwie verteidige und dann aber vorher irgendwie aus lauter Angst oder Furcht nur noch um mich schlagen kann, wo ich gar nichts mehr ruhig betrachten kann, sondern in einer ungeheuren auch inneren Unausgeruhtheit gewesen bin, Zerrissenheit und Unausgeruhtheit... Und das war wirklich ganz schrecklich und furchtbar, das war wirklich ganz schlimm. Und an einem Sommertag bin ich aus dem Haus gegangen... Ganz traurig bin ich so gegangen, dann stehengeblieben. Und auf dem Stadtplatz waren so im Abstand von vielleicht immer acht oder zehn Metern kleine Bäumchen gepflanzt. Dann habe ich mich bei diesem Geschäft dort diesem kleinen Bäumchen, das dort gestanden ist, zugewandt und habe zuerst nur dieses kleine Bäumchen angeschaut. Und dann ist so aus der Tiefe meiner Seele ein Wort oder ein Satz – ich weiß nicht, war das formuliert oder nicht formuliert – aufgestiegen, aber ich glaube, es war auch formuliert, es war auch ausgesprochen, also wirklich ein innerlich, aber ganz tiefes gesprochenes Wort. Also ich habe mich dem Baum zugewandt, habe gesagt: Du stehst da so ganz ruhig – und jetzt sage ich das in diesen Worten, ich kann das wirklich nicht mehr wiederholen, aber so sinngemäß war es –: Du stehst da so ganz ruhig und bist, was du bist. Du bist einfach dieses Bäumchen da, dieser Baum bist du da. Und da habe ich eine große Ruhe in diesem Baum gespürt. Viel später, Jahrzehnte später, habe ich den Satz vom hl. Thomas als erstes in der Übersetzung vom Josef Pieper gelesen: Das Sein ist in

Ferdinand und Bäumchen am Stadtplatz Fulnek

den Dingen als etwas Festes und Ruhiges. *Esse in rebus est aliquid firmum et ratum.*[32] Etwas ganz Festes, Bestimmtes und Ruhiges, also eine ungeheure Ruhe. So wie wenn ich jetzt diesem Bäumchen gegenüber, eigentlich nicht mehr gegenüber, sondern in einer ganz tiefen Einheit mit diesem Bäumchen, diese Ruhe, dieses Bestimmtsein auch, diese klare Wesenhaftigkeit, daß dieser Baum jetzt ist und was der ist, wirklich ganz tief im Herzen empfunden habe. Du bist da ganz tief, und du stehst da, und du bist einfach das, was du bist. Und ich habe dann gesagt: Ich kann jetzt nicht einmal ruhig sagen, daß du bist. Ich stottere da das Wort ‹Baum› vor mich hin.» Der junge

32 Vgl. Thomas von Aquin, *Summa contra Gentiles*, lib. 1 cap. 20 n. 28: *Esse autem est aliquid fixum et quietum in ente* (Das Sein aber ist etwas Festes und Ruhendes im Seienden); *2 Sent.*, dist. 13 qu. 1 art. 3 co: *Et ideo dicunt alii, quibus consentiendum videtur mihi, quod lux est forma accidentalis, habens esse ratum et firmum in natura* (Und so sagen andere, denen man, wie mir scheint, zustimmen kann, das Licht sei eine akzidentelle Form, die ein feststehendes und beständiges Sein innerhalb der Natur hat); *2 Sent.*, dist. 37 qu. 1 art. 1 co: *Simpliciter enim dicitur res quod habet esse ratum et firmum in natura* (Schlicht und einfach wird etwas ein Ding genannt, das ein feststehendes und beständiges Sein innerhalb der Natur hat); *De potentia*, qu. 3 art. 7 ad 7: *Ad septimum dicendum, quod virtus naturalis quae est rebus naturalibus in sua institutione collata, inest in eis ut quaedam forma habens esse ratum et firmum in natura* (Zu 7. Die natürliche Kraft, die den natürlichen Dingen bei ihrer Bildung verliehen worden ist, liegt in diesen Dingen als eine Form, die ein feststehendes und beständiges Sein innerhalb der Natur hat).

Ferdinand fand sich in einer schmerzhaften «Hilflosigkeit, in einem Sprechen, in dem ich mich eigentlich auf das Besprochene und Angesprochene gar nicht wirklich verlassen habe, sondern mit dem Wort, das ich da sagte, so allein war mit mir, daß da dann so viel Unsicherheit hineingekommen ist». Und er erkannte, daß dies gar nicht notwendig ist, «wenn ich jetzt sage, was ich da sehe und was du bist. Dann habe ich gespürt, wie mich dieses Feste, Bestimmte und Ruhige dieses Baumes ganz tief berührt und irgendwie ganz tief in der Seele auch heilt. Also daß eine große, weite Stille hier in mir atmet. Und von dem Augenblick an habe ich nicht mehr gestottert. Die objektive Wirklichkeit in ihrer Ruhe, in ihrer Wesensgestaltigkeit, in ihrer Bestimmtheit, aber seinsmäßigen Bestimmtheit, das hat mich geheilt. Das war ein ganz tiefes Erlebnis, das mir auch ganz gegenwärtig ist. Dann bin ich wieder umgekehrt und langsam zurückgegangen. Und dann habe ich so nachgesonnen, wie das jetzt da so war und was da jetzt so geschehen ist und so.» Und er wunderte sich über das Geschehene, nicht nur über das auf seiner Seite oder auf der Seite des Bäumchens, «sondern in einem Bereich, der das Bäumchen und mich irgendwie überstiegen hat, daß da jetzt etwas aufgetaucht ist, wo ich eigentlich im Blick auf das gar nicht sagen kann: Ja, das ist jetzt von dem Bäumchen hergekommen oder ist nur von mir hergekommen. Sondern so von einem Dritten, das größer ist als das Bäumchen und ich. In diesem Bereich hat sich das irgendwie abgespielt. Ich hatte auch nie das Gefühl, daß ich mich jetzt durch meine Fragen da selber geheilt hätte, nie. Oder daß das Bäumchen mich geheilt hätte, auch nicht. Sondern da war etwas in mir und in dem Bäumchen und zwischen beiden, das größer war, als wir beide gewesen sind.» In dem zunächst verkehrten Verhältnis war mittendrin eine «tiefe heilende, wohltuende, ganz friedvolle Wirklichkeit».

In große Stille versunken

«... als sei die Stille selbst der Ort der Quelle»

Sarkanderbrunnen auf dem Stadtplatz in Fulnek

«Stundenlang saß ich am Rande dieses Brunnens in große Stille versunken, nur das leise Plätschern des Wassers hörend, als käme es aus der Stille, als sei die Stille selbst der Ort der Quelle». So schrieb 2006 Ferdinand Ulrich auf ein Kalenderbild aus Fulnek, das den Brunnen[33] am Stadtplatz zeigte.

Zeit seines Lebens war die Stille für Ulrich «der Lebens-Atem, das milde, keusche Licht, das zärtliche Lied des uns von Gott geschenkten, geschaffenen Seins als Liebe,

33 Sarkanderbrunnen, 1749 von Johann Georg Heintze. Johannes Sarkander starb 1620 als Märtyrer des Beichtgeheimnisses in Olmütz und wurde 1993 heiliggesprochen.

«Die Frau der Stille»

das Geheimnis der ‹reinen Schöpfung Gottes›, in dem wir leben, uns bewegen und sind»[34].

Im Dezember 2016 betet Ulrich: «O Mutter des lebendigen Wortes, Gottesgebärerin, gebäre das Ewige Wort, das du vom Hl. Geist, durch die Ewige Liebe, in deinem Fleisch und Blut empfangen hast, auch in mir, bringe es in mir und durch mich zur Welt – zur Ehre Gottes, zum Frieden für alle Menschen Seiner Gnade. Unsere ‹Liebe Frau vom Schweigen›: bitte für uns, für unsere arme, elende, in Wörtern, Zeichen, Informationen erstickende Welt. Lehre uns die Macht der Stille und des Schweigens, das der Atem eines jeden fruchtbaren Sprechens ist.»[35]

Wenige Jahre vor seinem Tod verschickte Ferdinand Ulrich an viele Freunde eine Karte mit dem Bild *La Donna del silenzio* aus dem 8. Jahrhundert, zu dem er folgenden Text verfaßt hatte:

«Das ewige WORT aus dem Schoß des Schweigens des VATERS geboren, GOTT VON GOTT, VOM HEILIGEN GEIST, dem Zeigefinger der Rechten des Vaters, fleischgeworden aus der Jungfrau Maria ist Mensch geworden. Die gesegnete Gottesgebärerin, voll der Gnade, die in ihrem Schoß empfangen hat das ewige WORT, schenkt ein Zeichen des Geheimnisses SEINER Geburt, indem sie ihren Zeigefinger auf ihren Mund legt und ohne ein menschliches Wort im Schweigen das WORT KIND (VERBUM IN-FANS) sagt sowohl in der Krippe als auch am Kreuz.»[36]

34 Ferdinand Ulrich, *Virginitas foecunda*, 3.

35 In einem Brief vom 7.12.2016 an Herta Hsu.

36 Ulrich schrieb dieses hier übersetzte Gebet auf Lateinisch: «VERBUM aeternum *ex PATRIS silentii sinu natum, DEUS DE DEO, DE SPIRITU SANCTO, digito paternae dexterae, incarnatus ex Maria virgine homo factus est. Dei genitrix benedicta, gratia plena, quae in utero suo concepit VERBUM signum dat mysterii nativitatis EIUS ponens digitum suum super os sine verbo humano silentio dicens VERBUM IN-FANS et in praesaepio et in cruce.*» *Infans* (Kind) = nicht sprechend: *in-fans (fans* von *fari,* sprechen). Bei dem Bild handelt es sich eigentlich um eine Darstellung der hl. Anna aus der Kathedrale von Faras in Nubien (Wandmalerei, 7.-9. Jh., heute im Nationalmuseum Warschau).

Ein potentieller Verbrecher

«...und wollte immer ein Pulver erfinden, das alles in die Luft sprengt»

Der junge Ferdinand beteiligte sich gern an Räuberspielen im Wald mit seinen Freunden, die sich gegenseitig mit Schleudern beschossen. Dabei verlor er fast ein Auge. Sein Religionslehrer in den Jahren 1940/41, der junge Kapuzinerpater Callistus Bürke, sagte seiner Mutter voraus, daß ihr Sohn als Verbrecher im Gefängnis landen würde.

In der Volksschule hat Ferdinand den Oberlehrer Halama «bis aufs Blut geärgert» und bekam dafür oft eine Prügelstrafe. Er sprang über die Schulbänke mit den Tintenfässern, und der Lehrer verfolgte ihn. Mit zehn Jahren kam er in die Gregor-Mendel-Oberschule nach Neutitschein.

«Auf diesem Weg ging ich zum Gottesdienst bei den Kapuzinern, mit denen wir sehr verbunden waren.»

Vom Vater wünschte er sich Zubehör für ein kleines Chemielabor, um zu Hause Experimente durchführen zu können. Sein Ziel war die Erfindung eines Pulvers, um «alles in die Luft zu sprengen». Er besorgte sich Kaliumnitrat und Phosphor und führte Experimente durch. Um diese aggressive Neigung zu kanalisieren, sollte er bei den «Pimpfen»[37] mit dem Luftgewehr schießen lernen. Er war ein sehr guter Schütze. Eines Tages schoß er vom Fenster aus mit dem Luftgewehr auf die Zylinderhü-

37 Im Nationalsozialismus Bezeichnung für 10- bis 14-jährige Mitglieder des Deutschen Jungvolks.

te der Männer eines Leichenzuges, der über den Stadtplatz zog, während Chopins Trauermarsch gespielt wurde. Mit einem Freund entwickelte er eigene Zündschnüre aus Papier und einem Pflanzenvernichtungsmittel sowie eigenes Schießpulver und benutzte von Flugzeugen abgeworfene amerikanische Patronenhülsen, mit dem Ziel, einen Glockenturm zu sprengen. Er wurde erwischt und zur Polizei gebracht.

Derselbe Ferdinand ging aber zweimal in der Woche zu den Kapuzinern zum Geigespielen und sprach mit den Patres über seinen Glauben, ging mit der Mutter in die Maiandacht, betete den Rosenkranz und sang mit Inbrunst die Deutsche Messe von Schubert mit. Am 14. Juni 1941 wurde Ferdinand gefirmt. Sein Firmname war Josef.

Ferdinand und der Nationalsozialismus

«Wenn das der Führer wüßte, was Sie da mit den Menschen machen!»

Auf dem Schulweg nach Neutitschein sah Ferdinand Ulrich als 12- oder 13-jähriger an einem Wintertag beim Umsteigen in Zauchtel[38] einen Zug mit Viehwaggons, aus dessen vergitterten Fenstern sich abgemagerte Hände von durstigen KZ-Häftlingen nach Eiszapfen ausstreckten, außerdem aufeinanderliegende Leichen in gestreiften Anzügen. Als er zu einem Wachsoldaten sagte: «Wenn das der Führer wüßte, was Sie da mit den Menschen machen!», wurde er bedroht und vertrieben. An diesem Tag ist ihm aufgegangen, daß furchtbare Dinge passierten. Vorher war er ein begeisterter Anhänger Adolf Hitlers. Gefährlich für ihn wurde es, als er auf die Fangfrage eines Mitschülers, was denn «nach dem Dritten Reich komme», antwortete: «Das vierte Reich!»

Damals kam jemand von der Nationalpolitischen Erziehungsanstalt Napola in die Schule. Zusammen mit einer Ärztin inspizierte er die Jungen, die sich nackt ausziehen und im Kreis herumgehen mußten. Die Ärztin schlug bei der Untersuchung

38 Tschechisch Suchdol nad Odrou.

mit einem langen Stock den Jungen auf den Penis, um zu sehen, wie weit sie in ihrer sexuellen Entwicklung waren. Ferdinand war unter denen, die für die Napola auserwählt wurden. Sein alter Turnlehrer bewahrte ihn aber, indem er sagte, der Ulrich sei schwächlich und könne nichts.

Als Ferdinand aus der vierten Strophe des NS-Liedes *Siehst du im Osten das Morgenrot* «Deutschland erwache! … Juda den Tod! Volk ans Gewehr!» singen sollte, fragte er seine Mutter, was dies heißen solle: «Juda den Tod!» Durch Erkenntnis des wahren Wesens des Nationalsozialismus brach für ihn eine Welt zusammen. Sein Vater, der von den Nazis gehaßt wurde, wurde als Soldat eingezogen und an die Ostfront geschickt.

Wunderbare Rettung zu Kriegsende

«Sein letztes Wort war: Sie haben mich nie in Ihrem Leben gesehen!»

«Das ist die Straße, auf der ich mit meiner Mutter vor den Russen (1945) floh.»

Kurz vor Kriegsende wurden die Schüler noch im Panzerfaust- und Maschinengewehrschießen ausgebildet. Glücklicherweise flohen die Ausbilder, als die Front immer näher kam, so daß die Kinder nicht mehr im Kampf eingesetzt wurden. Die Stadt war voller verwundeter Soldaten. Ferdinand floh mit der Mutter unter russischem Tieffliegerbeschuß gut 60 km nach Olmütz. Auf der Straße lagen verletzte und tote Menschen und Tiere; Verwundetentransporte fuhren vorbei. Alle wurden von Tieffliegern beschossen. Bomben fielen. Ein Wagen, in welchen sie fast eingestiegen wären, erhielt einen Volltreffer.

Den Handwagen mit ihren Habseligkeiten ließen Ferdinand und seine Mutter am Straßenrand zurück. Endlich erreichten sie unter größten Gefahren Olmütz. Nachdem sie dort an der Straße durch ein Betonrohr gekrochen waren, suchten sie Zuflucht in einem halb zerschossenen Haus, hinter dessen Kellertür, wie man hörte, tschechisch der Rosenkranz gebetet wurde. So landeten sie bei dem Fabrikanten Pan Gregor und seiner Frau Helenka, welche sie daraufhin als wildfremde Deutsche wochenlang in ihrem Keller versteckten. Als sie den Keller betraten, befanden sich dort das tschechische Ehepaar, ein versteckter Jude auf einer Pritsche und ein Mann mit seiner bildhübschen Tochter, die er mit einem Messer verteidigen wollte. Rundum waren Ruinen, aber dieses Haus war stehengeblieben. Als die Russen[39] mit ihren Maschinenpistolen in den Keller traten, entkam die Mutter nur knapp der Vergewaltigung. Durch wunderbare Fügungen wurden beide gerettet.

Als später Hausdurchsuchungen und Erschießungen drohten, mußten sich Ferdinand und seine Mutter als Deutsche registrieren lassen. Die Mutter traf auf der Registratur einen Tschechen aus Fulnek, dem ihr Mann geholfen hatte. Sie bekamen durch diese Fügung einen sogenannten Loyalitätsschein, brauchten später kein weißes «N» («Němka/Němec» für «Deutsche/Deutscher») auf der Brust zu tragen und wurden nicht wie viele andere zur furchtbaren Zwangsarbeit nach Mährisch-Ostrau in die Kohlengruben deportiert.

Später hat Pan Gregor die Uniform eines hohen russischen Offiziers angezogen und Frau Ulrich samt ihrem Sohn mit dem Auto durch alle russischen Kontrollposten hindurch ins zerstörte Fulnek zurückgebracht. Sein letztes Wort war: «Sie haben mich nie in ihrem Leben gesehen!», und dann fuhr er mit dem Auto davon. Bei einer Bekannten kamen sie in einem Raum unter, wo sie auf Strohsäcken schliefen. Die Mutter wurde als Trümmerfrau verpflichtet. Zur Nahrung wurde

39 Der Leser versteht, daß im Volksmund mit den „Russen" die Soldaten der Roten Armee gemeint waren, die aus den vielen Völkern der Sowjetunion stammten.

Das Elternhaus nach der Zerstörung

ihnen nur etwas Zucker und Brot zugeteilt. Es folgte harte Arbeit bei einem Bauern in einigen Kilometern Entfernung. Anschließend mußte Ferdinand bei einer Apothekerin Flaschen putzen.

Internierung und Aussiedlung

«…so wie ein Tier sich instinktiv verhält, um zu überleben»

Im Jahr 1946 wurde Ferdinand mit seiner Mutter aus der Heimat ausgesiedelt. Zunächst kamen sie nach Neutitschein ins Lager: Ferdinand zusammen mit alten Männern und anderen Jungen, die Mutter ins Frauenlager. Der Aufenthalt dort dauerte mindestens vier oder fünf Winterwochen. Nachts kamen Tausende von Wanzen in die Schlafräume. Die Lagerleiterin war die kommunistische Putzfrau der Schule, in die Ferdinand gegangen war; sie begrüßte ihn als «ihren besten Schüler» und schenkte ihm vierzig Semmeln. Man vegetierte dort «wie ein Tier» und «wie in einem Delirium»: «Ich kann mich nicht erinnern, daß ich gebetet habe... Man reagiert irgendwie instinktiv...» Nach der Arbeit in einem Steinbruch wurde Ferdinand eingeteilt, das den ausgesiedelten Deutschen weggenommene letzte Hab und Gut zu sortieren. Seine Gesundheit verschlechterte sich. Er bekam eine Art Paratyphus und eine Hepatitis.

Schließlich kamen Frau Ulrich und ihr Sohn selbst auf einen sogenannten Transport und wurden im Viehwagen nach Deutschland gebracht. In Neutitschein gab die Putzfrau-Lagerleiterin ihrem «besten Schüler» noch einen Sack mit hundertfünfzig Semmeln zum Verteilen mit. Ein einziger Kübel pro Waggon stand für die Fäkalien zur Verfügung. Unterwegs versuchte man, ihn durch die Gitter hindurch nach außen zu leeren. In Prag wurde ein Behälter mit Wasser zum Trinken zur Verfügung gestellt. Da es kurz vor der Abreise verdorbenes Griesmus gegeben hatte, lagen fast in jedem Waggon Tote, vor allem kleine Kinder und Alte. Ulrich saß in der Nähe des Gitters. Eines Nachts hörte er die Stimme eines alten Mannes: «Jetzt sind wir in Regensburg.»

Nach drei Tagen erreichte der Transport Mettenheim bei Mühldorf am Inn, wo die Vertriebenen in einer zerschossenen Flugzeughalle untergebracht wurden.[40] Die spätere Priorin des Karmels von Aufkirchen, Mutter Alfonsa,[41] lebte damals als Jugendliche in Mettenheim. Viel später lernte Ulrich sie kennen.[42]

40 Ulrich sprach von einer «zerschossenen Flugzeughalle». In Mettenheim gab es ein Außenlager des Konzentrationslagers Dachau. «Auf dem Grund, auf dem das Lager MI, das erste Lager des Mühldorf-Rings, entstand, war ein Luftwaffenbekleidungslager gelegen, das zu dem Flugplatz bei Mettenheim gehörte. Es bestand aus etwa 20 Baracken, die sich in ziemlich schlechtem Zustand befanden.» «Im Sommer 1944 traf der erste Transport mit 1000 Häftlingen in dem halbfertigen Lager ein», Anfang 1945 kamen auch Max Mannheimer und sein Bruder nach MI. Am 1. und 2. Mai 1945 wurden die letzten Häftlinge befreit und «bereits im Juni 1945 waren Massengräber aufgefunden und die Toten exhumiert und begraben worden» (Edith Raim, *Die Dachauer KZ-Außenkommandos Kaufering und Mühldorf,* Landsberg 1992, 153, 174, 181f, 275, 278). Nach 1946 fanden «über 18000» Vertriebene und Flüchtlinge «eine neue Heimat im Landkreis Mühldorf», wobei sie «anfangs noch in ehemaligen KZ- und Zwangsarbeiteranlagen» wohnten (*Alltag – Rüstung – Vernichtung,* hrsg. vom Förderverein Geschichtszentrum Mühldorf e.V., Oberbergkirchen o.J.). «Am 25. April [1945] ... geht es im Mettenheimer KZ zu wie in einem Ameisenhaufen. Es herrscht hektische Betriebsamkeit. 3500 bis 4000 transportfähige Häftlinge werden verladen. Ein Vernichtungslager in Südtirol sei ihr Ziel, flüstern sich die Verzweifelten zu. Bei Tutzing greifen Tiefflieger den Zug an. Bomben und Bordwaffen töten 250 KZ-ler, ehe ihre SS-Bewacher abhauen und amerikanische Panzerspitzen dem Rest der Gequälten Erlösung und Freiheit bringen.» Am 26.4.45 wurden etwa 150 deutsche Flugzeuge in Mettenheim durch Luftangriff am Boden zerstört. (Hans Prähofer, *Wie es war: Kriegsende und Neubeginn in Mühldorf am Inn und seinem Hinterland,* Mühldorf 1985, 43f).

41 Sr. M. Alfonsa Theresia von Jesus OCD (Theresia Mittermeier), *27.12.1922 Vogging bei Ampfing (10 km von Mettenheim), aufgewachsen in Erlheim, eingetreten in den Karmel Aufkirchen am Starnberger See 18.3.1952, 18 Jahre Priorin mit Unterbrechungen, †8.9.2011 Aufkirchen.

42 Ulrich bekam Kontakt zum Aufkirchener Karmel durch P. Franz von Tattenbach SJ.

Mühldorf am Inn

Ankunft

«… man mußte da die Treppe hinaufgehen und dahinter einen dunklen Gang, und links war eine Kammer»

Die Stadt Mühldorf war schwer vom Krieg heimgesucht worden. Am 19.3.1945 hatte Mühldorf den ersten großen Bombenangriff erdulden müssen. «Es waren an die 6000 Bomben, die an diesem Josefitag 1945 über Mühldorf abgeladen wurden. Davon ackerten rund 3500 Sprengkörper das Bahngelände um… Neben einigen, deren Identität nicht festzustellen ist, kann man 119 Bombenopfer namentlich fixieren. 63 Frauen sind es und Mädchen. 29 Schüler, Schülerinnen und Kleinkinder. Und 27 Männer.»[43]

Die Mühldorfer Gegend hatte wegen der Kriegsschäden nur verminderten Wohnraum zu bieten und war völlig überfüllt. Schon vor der Ankunft der Ulrichs waren viele andere Vertriebene angekommen. «Am 7. Januar 1946 trifft der erste Transport mit achthundert Vertriebenen in Mühldorf ein. In kurzen Intervallen folgen Hunderte und Tausende… Nach dem Verteilungsplan der bayrischen Regierung muß der Bezirk Mühldorf, trotz Überfüllung, weitere 7000 Ausgewiesene aufnehmen… Es sind elende, ausgeplünderte Quartiere, das Waldlager bei Mettenheim, Baracken an der Rennbahn, in Pürten und Kraiburg, in die man die Entwurzelten einweist, in denen sie heimisch werden und neu beginnen sollen.»[44]

43 Hans Prähofer, *Wie es war,* 14 und 20. Ein weiterer größerer Angriff erfolgte am 20.4.1945. «An der Bonemoarwiese haben die Bomben neun KZ-ler getötet. Seine MP im Anschlag, herrscht ein SS-Offizier überlebende Häftlinge an, die Leichen zu sammeln und in eine Reihe zu legen, eine makabre Ordnung zu schaffen. Ein katholischer Geistlicher, atemlos und staubbedeckt auch er, bietet seinen Beistand an. ‹Das ist nicht nötig›, meint der Aufseher. Und dann zur Erklärung: ‹Es sind nur ungarische Juden.›» (38).

44 Hans Prähofer, *Wie es war,* 112. «Die Bevölkerungsdichte nimmt mit dem anhaltenden Zuzug Vertriebener aus dem Osten weiter zu. Es wird viel gearbeitet und arg gehungert und, weil die Reichsmark immer noch nichts wert ist, getauscht, schwarz gehandelt, gehortet, geschmiert und auf Fragebogen verschwiegen, gelogen. In Neuötting bricht eine Typhusepidemie aus. Viele geschwächte Menschen sterben. Ab Juni 1947 bringt amerikanische Hilfe in Mühldorf Stadt und Land eine spürbare Erleichterung für Eltern, denen es selbst nicht mehr gelingt, ihre Kinder satt zu kriegen» (131f).

Baracken in Mettenheim

Rucksack: Gepäckstück der Adele Ulrich und ihres Sohnes auf dem Vertreibungstransport von Mähren nach Bayern

Mühldorf, Stadtplatz 66, Aufnahme von 1928

Bild auf S. 39: Stadtplatz 66 unterm Dach (2021)

Vom Lager Mettenheim aus ging Adele Ulrich eines Tages im April oder Mai 1946 mit ihrem Sohn, dem sie das Abitur ermöglichen wollte, ins nahegelegene Mühldorf und fragte an jeder Tür, ob man nicht ein Dienstmädchen benötige. An diesem Tag litt Ferdinand unter starkem Durchfall. Am Stadtplatz Nr. 66 hatten sie Glück. Dort war kurz vorher das Dienstmädchen verstorben. Frau Ulrich und ihr Sohn wurden aufgenommen und bezogen eine kleine dunkle Kammer unterm Dach ohne Strom und Wasser.[45]

German Identity Card
This card is not transferable.
Violators will be punished by Military Law.

Deutsche Kennkarte
Nicht übertragbar!
Zuwiderhandlungen werden bestraft.

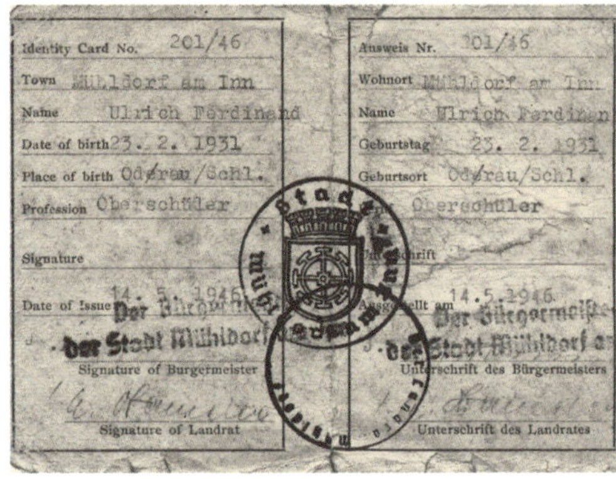

Identity Card No. 201/46
Town Mühldorf am Inn
Name Ulrich Ferdinand
Date of birth 23. 2. 1931
Place of birth Od/rau/Schl.
Profession Oberschüler
Signature
Date of Issue 14. 5. 1946
Der Bürgermeister der Stadt Mühldorf
Signature of Burgermeister
Signature of Landrat

Ausweis Nr. 201/46
Wohnort Mühldorf am Inn
Name Ulrich Ferdinand
Geburtstag 23. 2. 1931
Geburtsort Od/rau/Schl.
Oberschüler
Unterschrift
Ausgestellt am 14.5.1946
Der Bürgermeister der Stadt Mühldorf a.
Unterschrift des Bürgermeisters
Unterschrift des Landrates

Kennkarte von Ferdinand Ulrich

Oberschule

«… das war eine wunderschöne Zeit»

Ferdinand kam auf die Oberschule. Bei der Aufnahme glaubte man ihm nicht, daß er in Fulnek die Oberschule besucht hatte. Seine Zeugnisse waren alle verbrannt. So mußte er bis zum September nachholen, was die anderen Schüler im letzten Schuljahr gelernt hatten. Gleichzeitig half er der Mutter im Haushalt. Dann kamen Prüfungen

45 Vom 13.05.1946 bis zum 20.05.1958 sind sie am Stadtplatz 66 (Vermieter Würtenberger) gemeldet (Auskunft von Edwin Hamberger, Stadtarchiv Mühldorf, 11.11.2021). Das Haus stammt aus dem 18. Jahrhundert.

in allen Fächern, welche er nach einer Wallfahrt nach Altötting «wie in einem Traumzustand» bestand.

Stadtplatz 66 auf dem Dach

«Und ich konnte ja damals in dem Loch, wo ich mit meiner Mutter gewohnt hab, nichts machen, war ja ganz finster …, also vorm Abitur mußt ich immer auf den Dachboden gehen. Im Sommer bin ich dahingegangen; und im Winter hatte ich so eine kleine Kerze. Bin da dagesessen, weil die Oberlichter immer ganz verdreckt waren, da ist kein Licht reinkommen. Das Licht ist erst später, eine kleine Lampe, montiert worden. Und dann so um 53/54 herum sind die, die hinten gewohnt haben (Prähofer[46] hieß der, ein Maler mit seiner jungen Frau, das war eine Hamburgerin, die hatten eine Tochter…), dort aus der Wohnung raus, und dann hat meine Mutter noch so ein kleines Zimmerchen dazubekommen, wo ein Fenster rausgegangen ist. Dann hatten wir also zwei; dann konnte ich wenigstens im Licht dasitzen, wenn ich zu ihr kommen bin.» Die Lehrer mochten Ferdinand sehr und vermittelten ihm Mitschüler für Nachhilfestunden. Er unterrichtete Oskar, den Sohn des Metzgers Hutter, und bekam Fleisch und Wurst; vom Milchgeschäft Lunghamer erhielt er Käse, Milch und Eier; vom Bäcker Vitzthum (gleich an der Kirche) bekam er Semmeln und Brot. «Den Vitzthum Ludwig[47] habe ich

Altes Bild der Bäckerei Vitzthum

46 Familie Prähofer wohnte von 1945–1948 am Stadtplatz 66. Hans Prähofer war ein bekannter Maler und Schriftsteller (Auskunft von Edwin Hamberger, Stadtarchiv Mühldorf); 1949 veröffentlichte er in den *Mühldorfer Nachrichten* eine Dokumentation über Kriegsende und Neubeginn in Mühldorf und Umgebung, die später unter dem Titel *Wie es war* publiziert wurde.

47 Sohn des Bäckers, 02.02.1936–22.07.2019. Zur Belohnung bekam er von Herrn Vitzthum auch ein altes hebräisch-deutsches und ein altes lateinisch-deutsches Wörterbuch (von 1703) aus der Bibliothek des Altöttinger Kapuzinerklosters, die irgendwie in seinen Besitz gelangt waren.

[vor der Nachhilfestunde] oft erst einfangen müssen.» Später erfuhr Ulrich, daß manche Lehrer ihm so zugetan waren, daß sie sogar Schüler, die man eigentlich von der Schule hätte entlassen müssen, dabehielten, damit er weiter etwas für die Nachhilfestunden bekam. Der sehr gute Kaplan Josef Lechner[48] war auch als Religionslehrer tätig. Da Ferdinand viel in der blühenden Pfarrjugend mitarbeitete, bekam er von ihm ein *Manuale christianum* aus dem Jahr 1924, das neben dem *Neuen Testament* und der *Imitatio Christi* auch das *Officium Beatae Mariae Virginis* enthielt. Er nahm es noch 2002 zu einem Krankenhausaufenthalt mit. Es gab Zeltlager in den Bergen,

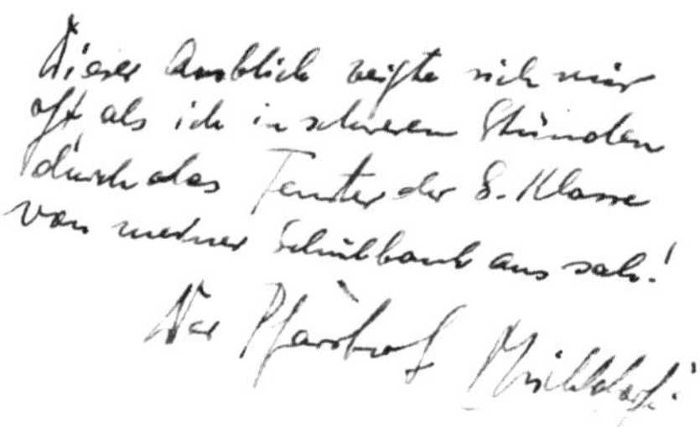
Dieser Anblick zeigte sich mir
oft als ich in schweren Stunden
durch das Fenster der 8. Klasse
von meiner Schulbank aus sah!
Der Pfarrhof Mühldorf!

«Dieser Anblick zeigte sich mir oft, als ich in schweren Stunden durch das Fenster der 8. Klasse von meiner Schulbank [hin]aus sah! Der Pfarrhof Mühldorf.»

Dr. Richard Beyerle, Biologie

Theateraufführungen, viel Gebet, wöchentlich ein oder zwei Treffen, die gemeinsame Lektüre des Buches *Das Wesen des Katholizismus* von Karl Adam. Später hielt Ferdinand selber Gruppenstunden für jüngere Buben. Nur einmal gab es Streit mit dem Kaplan wegen einer Nebenrolle, die Ferdinand in einem Theaterstück spielen sollte. Er sollte einen Arzt darstellen, der in ein Bauernmädchen verliebt war. Mit dem Mädchen, das diese Rolle hatte, wollte Ferdinand aber nichts zu tun haben, weil es ihm zuwider war. Einmal trugen die Jungen mit ihrem Kaplan auf das Große Teufelshorn (2363 m) ein Bergkreuz hinauf, stellten es auf und feierten eine Bergmesse. Es war für den jungen Ferdinand nach all den Leiden eine wunderschöne Zeit.

48 06.09.1914–28.01.1997.

Berglager mit Kaplan Lechner

Bergmesse mit Kpl. Lechner, Ferdinand als Ministrant

Heimkehr und Tod des Vaters

«Wir hatten für den armen Vater keinen Platz bei uns.»

Der Fulneker NSDAP-Ortsgruppenleiter hatte veranlaßt, daß Ferdinands Vater mit fünfzig Jahren an die Ostfront geschickt wurde. Nach dem Rückzug kam er in Deutschland in amerikanische Gefangenschaft. Zu Fuß versuchte er später, in die Heimat zurückzukommen, wurde aber in Prag verhaftet. Als er dann doch noch zu Fuß nach Mähren kam, waren Frau und Sohn schon weg. Nach Zwangsarbeit fand er die beiden mit Hilfe des Roten Kreuzes erst im Jahr 1947 in Mühldorf am Inn. «Wir hatten für den armen Vater keinen [dauerhaften] Platz bei uns.» Die Kammer war so klein, daß Ferdinands Vater sich einen vorläufigen Schlafplatz im 17 km entfernten Neumarkt-Sankt Veit suchen mußte. Im selben Jahr, in der Nacht zum 21. November 1947, verstarb er an Erschöpfung.

* 6. X. 1894
Vater, – nach der
Heimkehr aus der
Gefangenschaft 1947
+ 21. XI. 1947

Vater Ferdinand Ulrich im Jahr seines Todes

Mutter Adele Ulrich

«Ich weiß eigentlich nicht, warum ich noch auf dieser Welt bleiben soll.»

Adele Ulrich im Jahr 1972

Ferdinands Mutter Adele Ulrich suchte sich später eine neue Arbeit in der Packerei der Milchfabrik Bärenmarke im nahen Weiding, wo sie blieb, bis sie in Pension ging. Im Hinterhaus der Metzgerei Hutter nahm sie eine kleine Wohnung. Von dort ging sie jeden Tag in die hl. Messe zu den Franziskanern.[49] Sie hatte zahlreiche Verbindungen, half Alten und Kranken und tat viel Gutes. Im Januar 1975 verstarb sie.

Beim letzten Besuch ihres Sohnes sagte sie ihm: «Ich weiß eigentlich nicht, warum ich noch auf dieser Welt bleiben soll. Ich war schon in Rom, Lourdes, Fatima und Tschenstochau.» Jahrzehnte später gab Ferdinand Ulrich mir Zettel mit Gebeten zum hl. Judas Thaddäus, die Adele Ulrich hatte drucken lassen, um sie an die Leute zu verteilen. Judas Thaddäus gilt als Patron der «aussichtslosen Fälle».

49 Vom 13.05.1946 bis zum 20.50.1958 wohnte Adele Ulrich am Stadtplatz 66 (Vermieter Würtenberger), vom 20.05.1958–06.12.1968 in der Naglschmiedgasse 7, ab 06.12.1968 am Stadtplatz 51 (Auskunft vom Stadtarchiv Mühldorf, 11.11.2021).

Innerer Wandel

«...ein Durchbrechen meiner eigenen Tiefe über sich hinaus in den Abgrund der göttlichen Liebe hinein»

«Und das alles [das schwere Leid am Ende des Krieges] hat den potentiellen Verbrecher Ferdinand Ulrich geheilt. Der ist da durch eine Mangel gedreht worden.» Durch das große Leid geschah auch eine entscheidende Trennung – im positiven Sinn – der sehr intensiven Beziehung zu seiner Mutter, deren Ein und Alles er als einziger Sohn war. Sein Leben sei aus der Tiefe «nach innen hin über sich hinaus aufgebrochen»: «ein Durchbrechen meiner eigenen Tiefe über sich hinaus in den Abgrund der göttlichen Liebe hinein». Es war, als wäre er «durchs Feuer gegangen» und «geläutert worden». Nach einer «ganz langen Kindheit» lernte er, die Menschen und die Dinge im positiven Sinne einer Ernüchterung konkreter wahrzunehmen und sich dabei in einem «vitalen Realismus» von dieser Wirklichkeit betreffen zu lassen.

Vorher hatte er jahrelang den Wunsch gespürt, Arzt zu werden, und hatte von Fulnek aus als einziger Schüler eine Ausstellung über Krebsgeschwüre besucht. Allmählich verschwand nun auch dieser Wunsch.

Obwohl Ferdinand bisher kein einziges philosophisches Buch gelesen hatte, schrieb man ihm in Mühldorf ins Zeugnis, er sei philosophisch außerordentlich belesen. Leidvoll war für ihn, daß auch die Lehrer, die ihn mochten, ihm nicht glaubten, daß er kein philosophisches Buch gelesen hatte und die geäußerten Gedanken aus ihm selbst kamen. «Ich kann mich nicht entsinnen, [vor dem Studium] jemals etwas Philosophisches gelesen zu haben.» Unter den Lehrern hat ihn der Biologe Dr. Richard Beyerle[50] am tiefsten geprägt.

In der Volkshochschule, wo er Karten verkaufte, hörte Ferdinand eines Tages einen Vortrag von Ferdinand Bergenthal[51] über Rilke, Hölderlin u.a. Die Begegnung

50 22.12.1906–28.1.1972. Zuletzt war er in München gemeldet (Auskunft von Edwin Hamberger, Stadtarchiv Mühldorf).

51 Ferdinand Bergenthal, *05.07.1893 in Oberschledorn (Sauerland), †08.09.1972 in Burghausen an der Salzach, zu Unrecht vergessener Philosoph; Veröffentlichungen zu philosophischen und geisteswissenschaftlichen Themen. Vgl. insb.: F. Bergenthal, *Das Sein, der Ursprung und das Wort: Der Gottesgedanke des Heiligen Anselm von Canterbury*, Stimmen der Meister 3, Augsburg 1949.

mit Bergenthal übte «weniger über [seinen] Kopf als über [sein] Herz einen ganz tiefen Einfluß» auf ihn aus: «Zwischen dem und mir war so etwas da.» Als er ihm später brieflich davon berichtete, antwortete ihm Bergenthal, er hätte sich nicht vorzustellen brauchen, er, Bergenthal, hätte bei den Vorträgen in Mühldorf «den Jüngling mit den leuchtenden Augen sofort erkannt».

Ferdinand an der Tafel

Philosophie an der Innbrücke

«... wie wenn sich so ein Vorhang auftun würde»

Die wunderschöne Mühldorfer Maximiliansbrücke über den Inn war in den letzten Kriegstagen trotz inständiger Bitten der Bevölkerung gesprengt worden. Zunächst bauten die Amerikaner eine Behelfsbrücke, die jahrelang genutzt wurde, bis später die heutige Brücke gebaut war. In Richtung Altötting befand sich – wohl am selben Ort wie die heutigen Sportanlagen – ein Fußballplatz und dahinter eine Sandbahn. Ferdinand ging gern zu den Handball- oder Fußballspielen der Mühldorfer Mannschaften. Es gab auch Sandbahnrennen und Boxkämpfe.

An einem Sonntagnachmittag, mit achtzehn oder neunzehn Jahren, betrachtete Ferdinand, wie viele Menschen vom Fußballplatz über die Innbrücke strömten: «Und auf einmal, ich weiß nicht, was das war, habe ich so in mir selber gesprochen: Alles Menschen. Jeder ein Mensch. Und habe irgendwie in diese gesehen, irgendwo so innen mit dem Geistesauge, wie alle diese Menschen irgendwo an dem einen Menschenwesen teilhaben. Und dann habe ich wieder mehr diese Einzelnen gesehen und dann, daß da doch jeder anders und verschieden ist. Und dann ist dieser andere Aspekt immer intensiver geworden, und dann habe ich mir gedacht: Und jeder ein Einzelner. Ob ich das jetzt in den folgenden Worten gedacht habe, weiß ich nicht, das kann ich nicht sagen. Aber genau das habe ich da gedacht: Jeder einmalig und unvertauschbar und unverwechselbar und er selber. Jeder eine Person.» Und wieder sah er die tiefe Gemeinsamkeit des Wesens all dieser Menschen. Es war für ihn ein tiefes Erlebnis, das er erst später durch das Philosophiestudium in Zu-

Ferdinand im Tor

Der Oberschüler

sammenhang bringen konnte mit den mittelalterlichen Diskussionen über das Universale *ante rem* und *in re* und *post rem,* mit Idealismus, Realismus und Nominalismus, mit der Frage, ob das Wesen vor den Dingen oder in den Dingen ist, oder *post rem,* d.h. im Sinne des Nominalismus nur per Abstraktion als bloßer Name. Doch: «Diese ganze Frage war es eigentlich nicht, sondern ein Geheimnis, das ganze Geheimnis ist da irgendwo aufgedeckt. Und dann war das wieder weg. Also das war, wie wenn sich so ein Vorhang auftun würde, und ich würde etwas sehen, und dann war das wieder zu. Das war an einem Sonntagnachmittag nach dem Fußball- oder Handballspiel...» Er habe «einfach nur geschaut, daß das alles Menschen sind, daß die alle sozusagen an einem Wesen teilhaben. Und jeder ist er selber, vom andern verschieden.» Er habe «einfach geschaut – nicht das Problem, sondern die Wirklichkeit: wie das so ist und was das ist und daß das so ist».

Im Jahr 1950 machte Ferdinand Ulrich das Abitur mit der Note 1,4. In den Lieblingsfächern Religion, Biologie, Latein und Physik hatte er eine Eins. Sein Religionslehrer Lechner schlug ihm vor, Priester zu werden. Ferdinand hörte in sein Herz und ging im Wintersemester 1950/1951 nach Freising ins Priesterseminar.

FREISING

Seminar

«Wie der Hahn im Korb war ich da in dem Seminar.»

1950 bis 1952 studierte Ferdinand Ulrich an der Philosophisch-Theologischen Hochschule Philosophie sowie Psychologie, Pädagogik und Geschichte. Nach vier Semestern hatte man die Admissio zum Theologiestudium. Eine «wunderbare Zeit» für ihn.

1952

Spiritual war P. Franz Graf von Tattenbach SJ. Es waren «zwei tiefe, betende Mitstudenten» in dem Kurs, aber sonst fühlte sich Ulrich sehr allein. Trotzdem hatte er das Gefühl, aufgehoben und daheim zu sein. Für die Mitstudenten hielt er kleine Vorlesungen in Philosophie. Die höheren Semester luden ihn schon in seinem zweiten Semester in die Seminare in Moraltheologie und Dogmatik des zehnten Semesters ein. «Wie der Hahn im Korb war ich da in dem Seminar.» Zum ersten Mal begegnete er dort Thomas von Aquin. Die Philosophie interessierte ihn am meisten, aber fast noch mehr begeisterten ihn die täglichen Betrachtungspunkte von Pater von Tattenbach. Dieser stellte Ferdinand seinem

Freund Hugo Rahner[52] vor, welcher ihn einlud, nach dem vierten Semester zu ihm nach Innsbruck ins Canisianum zu gehen. Alternativen waren das Germanicum in Rom und das Georgianum in München, auf das schließlich die Wahl fiel, weil Hugo Rahner krank wurde und ein Freisinger Professor dringend von Rom abriet.

Franz von Tattenbach

«Der Pater Tattenbach war ein heiligmäßiger Mann.»

Mit Pater Franz von Tattenbach,[53] den er für einen «heiligmäßigen Mann» hielt, verband Ulrich über Jahrzehnte eine tiefe Freundschaft. Bis zu seinem Tod war von Tattenbach Ulrichs Beichtvater, in späterer Zeit nur dann, wenn er aus Mittelamerika in Deutschland zu Besuch war.

Von Tattenbach war von 1949 bis 1952 Spiritual in Freising.[54] Ulrich erzählte, der Jesuit von Tattenbach habe 1944 dem zum Tode verurteilten P. Alfred Delp SJ im Gefängnis Berlin Tegel die ewigen Gelübde abgenommen.[55] Nach Aussage Ulrichs habe sich von Tattenbach, mit der Uniform eines hohen SS-Mannes verkleidet, Zugang zu Delp verschafft.[56] Während des Krieges sei von Tattenbach erst Gebirgsjäger gewesen

52 Hugo Rahner SJ, *03.05.1900 in Pfullendorf, †21.12.1968 in München. Ulrich schätzte sehr Rahners Buch *Maria und die Kirche. Zehn Kapitel über das geistliche Leben,* Innsbruck 1951, Neuauflage Alverna Verlag 2016, sowie *Ignatius von Loyola als Mensch und Theologe,* Freiburg 1964.

53 Franz Ernst Graf von Tattenbach SJ, *17.01.1910 in München als Sohn von Gottfried Graf von Tattenbach und Marie Gräfin von Quadt zu Wykradt und Isny, †12.08.1992 in Isny im Allgäu.

54 Vgl. Peter Seewald, *Benedikt XVI. Ein Leben,* München 2020, 259: «Ein Spiritual (der Jesuit Franz von Tattenbach, später Rektor am *Germanicum* in Rom und Missionar in Costa Rica) betrieb mit Vorträgen die ‹aszetische Formung› der Kandidaten und führte beratende, beichtväterliche Gespräche.»

55 Vgl. Helmut Moll, *Zeugen für Christus, Das deutsche Martyrologium des 20. Jahrhunderts,* Bd. 2, Paderborn ^{2}2000, 788: «Am 8.12.1944 konnte D. in der Stube des Justizwachmeisters seine Profeß in die Hände von P. Franz von Tattenbach ablegen.» Vgl. auch die Erinnerung von Papst Benedikt XVI. vom 15.10.2019 in seinem auf Italienisch erschienenen Buch *che cos'è il cristianesimo,* Milano 2023, 177: «Il padre Franz von Tattenbach, nelle cui mani padre Delp emise in prigione i voti religiosi, era il nostro padre spirituale a Frisinga. Su ciò che era accaduto non fece grandi discorsi, ma nemmeno tenne nascosto quanto intimamente lo avesse colpito.»

56 Es ist nicht klar, ob dies bei der Abnahme der Ordensprofeß oder vermutlich bei einem anderen Gefängnisbesuch geschah. Von Tattenbach habe Delp in einer kleinen Dose das in eine Semmel eingebackene Allerheiligste ins Gefängnis geschmuggelt.

und dann als Jesuit unehrenhaft aus dem Heer entlassen worden. 1946 bis 1948 war er Seelsorger der deutschen Kriegsgefangenen in Frankreich.

Von 1953 bis 1959 war von Tattenbach Rektor am Germanicum in Rom. In dieser Zeit war Ulrichs Kontakt zu ihm zunächst abgebrochen, wurde dann aber brieflich wieder aufgenommen und intensivierte sich.

P. Franz von Tattenbach SJ in Freising

Ab 1965 war Pater von Tattenbach Rektor des Berchmanskollegs in Pullach,[57] wohin er Ulrich als Gastprofessor holte. Ab 1971 war er in Lateinamerika tätig, vor allem in Guatemala, gründete dort Alphabetisierungsprogramme und kam nur gelegentlich nach Deutschland.[58] Ulrich berichtete, er sei «der geborene Kardinal» gewesen, habe aber ein ihm angetragenes hohes Amt abgelehnt und sei lieber zu den armen Indios gegangen. In späteren Jahrzehnten unterstützte Ulrich, der äußerst anspruchslos lebte, durch großzügige Spenden u.a. auch das lateinamerikanische Hilfswerk von Tattenbachs. Dieser hatte eine tiefe geistliche Verbindung zum Karmel St. Josef in Aufkirchen. Am Tag vor seinem Tod, als er in Isny im Krankenhaus lag, sprach er noch am Telefon mit Ulrich und trug ihm auf, die Karmelitinnen in Aufkirchen, Dachau und Berlin um das Gebet für ihn zu bitten.

57 Ab 1972 in München, Kaulbachstraße.
58 Vgl. Alicia Padilla N., *Franz Tattenbach,* ICER, Costa Rica 2009.

Joseph Ratzinger

«...und hat mir in ungeheurer Geduld das Ganze erklärt»

In jene Zeit fiel die Priesterweihe Joseph Ratzingers im Freisinger Dom. Ratzinger hatte bis 1947 in Freising und danach in München studiert, und wurde gemeinsam mit seinem Bruder Georg und zweiundvierzig anderen Männern von Kardinal Faulhaber am 29.06.1951 in Freising zum Priester geweiht.

Ferdinand Ulrich berichtete im Jahr 2003: «Den Ratzinger kenne ich jetzt dreiundfünfzig Jahre, so von 1950 an. Ich glaube, im Jahr 1950 wurde er zum Priester geweiht, wenn ich mich nicht täusche... Aber das weiß ich genau, wie die da im Freisinger Dom vorne gestanden sind und den Primizsegen gegeben haben. Da stand Joseph Ratzinger von mir aus gesehen ganz links außen, ganz jung noch, die anderen haben ein bißchen älter ausgeschaut. Er hat etwas ganz Jugendliches, Frisches, Junges an sich gehabt, ein ganz junger Kaplan. Und da habe ich die alle so betrachtet, und dann bin ich wieder zu dem Joseph Ratzinger zurück und habe mir gedacht: Ja, mit dem hat Gott etwas vor. Das weiß ich noch gut.»

Heilige Priesterweihe
und Primiz

Freising 29. Juni — 1951 — Traunstein 8. Juli

Joseph Ratzinger

Nicht Herren eures Glaubens sind wir,
sondern Diener eurer Freude.
2 Kor. 1,24.

Joseph Ratzinger.

Primizbild von Joseph Ratzinger.

Auf die Frage, ob Ulrich Joseph Ratzinger damals schon persönlich kannte, antwortet er: «Persönlich, wie man halt als einer, der im ersten Semester ist, einen Älteren so kennt. Eher flüchtig... Dann habe ich ihn lange nicht mehr getroffen, nur dann bei dem edlen Söhngen im Seminar in München. Und da weiß ich noch gut, als ich zweiundzwanzig, dreiundzwanzig Jahre alt war... Und ich hatte ja nicht Theologie studiert, ich habe nur die Philosophie studiert. Und dann beim Söhngen ist es, glaube ich, über Bonaventura gegangen. Und dann haben die da ganz intensiv über die Differenz von *liber scripturae* und *liber creaturae* diskutiert. Ich habe nicht verstanden, was die reden. Und das werde ich nie vergessen, dann habe ich mir gedacht, ich muß den Joseph Ratzinger nachher abpassen, wenn der da rausgeht. Und dann habe ich gesagt: Joseph, ich habe da jetzt wirklich nichts verstanden. Obwohl ich dann später von selber viel darüber nachgedacht habe. Und da war der Seminarraum, der Gang und die großen Fenster. Da ist er zum Fenster hingegangen, ich werde das nie vergessen, und hat mir in ungeheurer Geduld und Liebe und Zuneigung und Freundlichkeit das Ganze erklärt. Ich glaube, wir sind eine halbe Stunde dagestanden. Das habe ich in so guter Erinnerung, wie der, der damals schon beim Habilitieren war, einem, der jetzt da nicht weiß, was das überhaupt soll, das erklärt. Und wie er mir das gesagt hat, habe ich mir gedacht: Ja, das habe ich ja schon gewußt, aber was dieses Wort bedeutet, davon habe ich null Ahnung gehabt. Aber mit welcher Freundlichkeit und Bescheidenheit! Der hätte auch zu mir sagen können: Also, das hätte ich nicht gedacht, daß du das nicht weißt, oder: Wie kann man das nur nicht wissen! oder: Da gibt es ein gutes Buch, das liest du, ich muß jetzt weggehen. Nein, er hat sich hingestellt und mir das in großer Geduld erklärt. Das ist mir unauslöschlich im Gedächtnis. Ja, der Joseph Ratzinger.

Und dann ist er seinen Weg gegangen. Ich glaube, in Bonn hat er angefangen und dann in Münster und dann in Tübingen, und dann ist er nach Süden herunter, nach Regensburg; das ist schon etwas Geheimnisvolles. So ein Auszug, bis man dorthin in das Land kommt, vom Süden herauf und dann der Weg da herunter, von Bonn, Münster, Tübingen, Regensburg, München, Rom. Ein ganz geheimnisvoller Weg. Wie ein Exodus-Weg, bis dann einmal so der Vatikan auftaucht.»

Später waren Ulrich und Ratzinger für einige Zeit gleichzeitig Professoren in Regensburg. Ratzinger besuchte die Ulrichs in der Brittingstraße. Nachdem Ratzinger nach Rom gegangen war, hatten sie kaum noch Kontakt, auch nicht, wenn Ratzinger in Regensburg zu Besuch war.[59] In einer schweren Zeit seines eigenen Lebens betete Ulrich oft am Grab der Familie Ratzinger auf dem Friedhof in Pentling, unweit von Ulrichs Wohnung. Zum 80. Geburtstag Ulrichs 2011 kam mit einem Kurier ein herzlicher, persönlicher Geburtstagsbrief des Papstes nach Regensburg.

59 Über eine Begegnung mit Erzbischof Ratzinger in München berichtet auch Peter Seewald: «Mittags machte er [J. Ratzinger] seinen Spaziergang zum Englischen Garten. Vorbei an der Feldherrnhalle und an der Buchhandlung, in der er schon als Student gestöbert hatte. Eines Tages sieht ihn der Philosoph und Freund Ferdinand Ulrich versunken dahineilen, Hände auf dem Rücken, den Kopf tief zwischen den Schultern vergraben. Er habe ihn eingeholt, erzählte Ulrich, ihm die Hand auf die Schulter gelegt: ‹Joseph, was ist denn los?› Dann habe er ihm sein Herz ausgeschüttet über die Anfeindungen im Domkapitel.» Peter Seewald, *Benedikt XVI. Ein Leben*, 603f.

Thomas von Aquin

«Was mich in der tiefsten Seele froh gemacht hat, war das gaudium de veritate.»

Dem hl. Thomas von Aquin kam der junge Ulrich auf zwei verschiedene Weisen nah. Zum einen durch die Thomaslesungen mit Prof. Fellermeier[60] in Freising, die am Ende der Woche angeboten wurden, sowie durch die ganz von Thomas inspirierten Vorlesungen von Arnold Wilmsen.[61] Zum anderen durch den Hymnus *Adoro te devote:* «das ist unsagbar, wie das bei mir einfuhr». Beide Weisen waren «von Anfang an eins ..., so sehr eins, daß ich das überhaupt nicht schildern und auch beschreiben kann».

Im Jahr 1995 fuhren Ulrich und P. Jacques Servais nach Fossanova in die Zisterzienserabtei, in der Thomas von Aquin am 7. März 1274 starb, und sangen dort in seiner Sterbezelle diesen Hymnus. «Und da und auch jetzt ist mir das alles wiedergekommen, wie von Anfang an die ganze Philosophie von Thomas und dieses Gebet in meiner Seele eins waren. Und das ist der innerste Punkt.» Dürfen wir rückblickend sagen, daß der Pelikan aus der sechsten Hymnusstrophe[62] diesen „innersten Punkt" versinnbildet? Ulrich erzählte öfter, daß er schon als kleiner Bub, ohne zu wissen warum, von der Pelikandarstellung am Tabernakel auf dem Hauptaltar in der Pfarrkirche von Fulnek angezogen war.

Pelikan in der Pfarrkirche von Fulnek

«Was mich so vom hl. Thomas auch innerlich erhellt und mein Denken gereinigt hat, war seine schlichte Klarheit.» Seine Worte sind «so nah an der Wirklichkeit, nicht übergewölbt und

60 Jakob Fellermeier, *21.07.1911 in Reichertsheim, †26.07.2004 in Mühldorf am Inn. 1949–1968 Philosophieprofessor in Freising.

61 Prof. Arnold Wilmsen (1901–1972) lehrte 1946–1966 in Freising Philosophie. Ulrich erwähnte ihn sehr lobend: «tiefgläubig, tief betender katholischer Laie, ein aufrechter Mann».

62 Pie pellicane, Iesu Domine, me immundum munda tuo sanguine; cuius una stilla salvum faceret otum mundum quit ab omni scelere.

auch nicht aufgeblasen und auch nicht zugedeckt oder ästhetisierend, die Wirklichkeit umhüllend. Sondern die Sprache steht so ganz im Dienst der Erkenntnis der Wirklichkeit; die Demut des Sprechens, auch die heilige Armut in dieser Sprache, nicht Ärmlichkeit, sondern ungeheurer Reichtum, aber Armut im Sinn, daß diese Sprache innerlich so geräumig für die Wirklichkeit ist, so wirklichkeitsträchtig, daß man das, was man liest, auch wenn man es liest und versteht, immer wieder lesen kann … ich konnte das immer wieder lesen, immer wieder schmecken, diese Worte, die für mich etwas von Nahrung, Brot an sich hatten, immer wieder verkosten.»

«Was mich ungeheuer, wirklich in der tiefsten Seele, froh gemacht hat, war das *gaudium de veritate,* die Freude an der Wahrheit: mit welcher Freude, nicht Optimismus (das ist jenseits von Optimismus und Pessimismus), mit welcher wirklich lauteren Freude der Thomas sich auf die Wahrheit einläßt und der Wahrheit dient und sie erkennt und sie demütig zur Sprache bringt. In welcher dichten Freude, die so ganz in der Wirklichkeit wurzelt und aufbricht und gewissermaßen auch irgendwie einer Festigkeit, nicht in einem starren Sinn, sondern diese Freude an der Wahrheit steht auch im Sinne der Bestimmtheit, einer Festigkeit. Da ist das Denken so wirklich von innen her, aus dem Wurzelreich der Demut aufgerichtet: Kopf hoch, nicht im Ich-behaupte-Mich oder in eigenwilliger Selbstüberhebung, sondern in einem Zur-Freiheit-Befreit, auch in einer *magnanimitas*, in einer Großherzigkeit, in einer Weite, in einer Freude an der Wahrheit. Das ist beides, Demut und Großherzigkeit, Freude an der Wahrheit und dieses Durchstimmtsein von der Kraft des Seins, das auch etwas Heilendes an sich hat, etwas sehr Gesundes. Das hat mich auch so reich beschenkt und nicht nur in der Vergangenheit, sondern das ist immer noch ganz gegenwärtig; und nicht als etwas Vergangenes gegenwärtig, sondern das geschieht auch jetzt noch. Wenn ich hin und wieder in Thomas lese oder über etwas nachdenke, ist das ganz genauso wie am Anfang.»

«Und dann, daß er die, mit denen er sich auseinandergesetzt hat, nicht weggewischt und denen eine vor den Kopf gegeben hat, sondern daß der Sieg, den er in seinem Denken ausgekämpft und auch in gewissem Sinn ausgelitten hat, darin besteht, so auf seine Widersacher einzugehen, daß er sie besser als sie sich selber und sie von innen, von der Wahrheit her versteht, von der auch der Irrtum und die Perversion leben. Denn wenn keine Wahrheit da wäre, wäre nichts da, was verdreht, verkehrt, destruiert, verfälscht werden könnte. Der Irrtum und das Falsche leben ganz zutiefst von der Wahrheit und sind ohne die Wahrheit überhaupt nicht möglich.»

Ulrich betont des weiteren, daß Thomas darin ein großes Vertrauen zur Wahrheit, zu ihrer Gegenwart auch im größten Irrtum gehabt habe, «nicht in dem Sinn: Hier steckt auch ein Körnchen Wahrheit, sondern [im Sinne von]: *verum est index sui et falsi,* das Wahre ist der Index seiner selbst, das zeigt sich selbst als Wahres, und ist auch der Index des Falschen». Er habe nicht nur ein so großes Vertrauen zur Wahrheit gehabt, sondern diese geliebt, «also nicht nur gewußt, sondern im Wissen geliebt». Darin habe seine große Weisheit bestanden, «daß er in großer Freimut, in großer Parrhesia mit seinen Gegnern reden und diskutieren und sich auf sie einlassen konnte, auch angesichts der Verleumdungen, daß er ein Aristoteliker sei». Ohne Angst habe Thomas sich mit Aristoteles beschäftigt, als dieser noch nicht anerkannt war. Ulrich bringt dies in Beziehung zu seiner eigenen Lektüre von Nietzsche, Kierkegaard, Marx, Heidegger oder Freud, durch welche er nicht «gleich ein Freudianer oder ein Marxist oder ein Nietzscheaner oder ein Gottloser» sei, sondern dies geschehe «in dem großen Vertrauen, daß da auch im tiefsten Nein zur Wahrheit die Wahrheit, die auch in der tiefsten Verdrehtheit im Letzten Siegerin ist, jetzt schon siegt». Und so könne man auch von diesen Menschen «nicht den Irrtum übernehmen, sondern etwas lernen. Also diese Weise des Umgehens in der Diskussion, im Dialog mit anderen, das habe ich vom hl. Thomas gelernt; und das ist ein ganz großes Geschenk. Keine Angst davor zu haben, was da ist, und auch Kraft zu haben, alles dann von innen her, von der je größeren Wahrheit her so zu verstehen, daß man es kraft des tieferen Verstehens von der Wahrheit her von innen her besiegt und überwindet. Von innen her.»

Ablehnung in München

«Ich hatte keinen Menschen, mit dem ich reden konnte. Es war niemand da.»

Ulrich wurde während der Schlußexamen in Freising krank, war erschöpft und hatte Bauchschmerzen. Schon 1946 im Lager hatte er unter Gelbsucht gelitten. Nach der letzten Prüfung ging er im September 1952 in eine Klinik am Starnberger See, offenbar in die Privatklinik Kempfenhausen von Dr. Bannaski[63] – auf einer Fahrt mit

63 Laut Curriculum Vitae unterbrach er im Wintersemester 1952–53 wegen Krankheit das Studium. Dr. Heinz Bannaski benutzte die Villa de Osa als Klinik, kaufte sie 1953 und versah sie mit einem Anbau.

dem Auto zeigte Ulrich mir einmal von der Straße aus die Klinik –, wo bei ihm eine sehr gefährliche Leberzirrhose festgestellt wurde. Dort blieb er etwa fünf Monate. Er bekam ein Medikament, das ein leberkranker Jude, Dr. Heinrich Sprung, entwickelt hatte, der nach der Flucht aus einem KZ vor Hunger bestimmte Pflanzen gegessen hatte, die ihm halfen und die er später analysierte, und so ein Bakterium entdeckte als Grundlage der neuen Behandlungsmethode mit Subtiltryptasin.[64]

Als es Ulrich etwas besser ging, fuhr er nach München, um sich im Georgianum anzumelden. Es war nur Subregens Neuhäusler[65] da, der zu ihm sagte: «Schauen Sie mal in den Spiegel, wie Sie ausschauen! Sie sind ein todkranker Mensch. Mit solchen Leuten können wir nichts anfangen.» Er sei zu krank, es seien genug andere da. Dieser Tag war ein Schicksalstag für Ulrich. Der Weg zum geweihten Priestertum war verschlossen. Neuhäusler empfahl ihm, weiter Philosophie zu studieren. «Ich habe das Gefühl der völligen Einsamkeit, der völligen Verlassenheit gehabt.» P. von Tattenbach war als Rektor des Germanicums nach Rom versetzt. Von den anderen aus Freising habe er kein Wort mehr gehört. «Ich hatte keinen Menschen, mit dem ich reden konnte. Es war niemand da.» So ging er ab Sommersemester 1953 zum Studium der Philosophie, Psychologie und Fundamentaltheologie an die Universität München. Von diesem Semester an bis zum Wintersemester 1955/56 bekam er ein Stipendium von der «Studienstiftung des Deutschen Volkes».

Wahrscheinlich vor 1954 ist eine andere Episode zu verorten. In einem Telephonat mit P. Jacques Servais SJ erzählte Ulrich von einem «Dreivierteljahr als Werkstudent in Töging». Dabei dürfte es sich nach Auskunft des Stadtarchivs Mühldorf «um die VAW (Vereinigte Aluminiumwerke) gehandelt haben, er hat wahrscheinlich in den Semesterferien dort gearbeitet»[66].

64 Im Bayrischen Ärzteblatt, Heft 3/1953, findet sich eine Werbung für «Subtiltryptasin, orales Therapeuticum nach Dr. Sprung aus Bazillus subtilis indolasus», eine «neuartige Lebertherapie» u.a. bei «Cirrhosen».

65 Engelbert Neuhäusler, *18.08.1913 in München, †23.08.2011 in München.

66 E-Mail vom Stadtarchivar Edwin Hamberger, 11.11.2021.

Philosophiestudium in München

Romano Guardini

«Nehmen Sie den Shakespeare als Omen!»

Zunächst fuhr Ferdinand Ulrich immer mit dem Zug von Mühldorf nach München, etwas später konnte er mit einem jüngeren Mitstudenten aus Mühldorf («Kraus Fredi», Alfred Kraus, heute Professor emeritus der Psychiatrischen Universitätsklinik Heidelberg) ein großes Zimmer in der Wohnung einer Witwe, wohl in der Unertlstraße in Schwabing, mieten. In München lernte er auch den Romanistikstudenten Dietrich Briesemeister kennen (später Professor in Mainz, Berlin und Jena), der nach Kraus und einem Jurastudenten in das Zimmer einzog.

Im Jahr 1953 suchte der Mühldorfer Chirurg und Chefarzt Dr. Ludwig Luchs[67] Kontakt zum Philosophiestudenten Ulrich. Seine drei Söhne waren im Krieg gefallen. Er war ein tiefgläubiger evangelischer Christ. Sie verabredeten, jeden Samstag gemeinsam die *Summa Theologica* des hl. Thomas von Aquin zu lesen, was beiden große Freude bereitete. 2003 meinte Ulrich, sich daran zu erinnern, daß Dr. Luchs den Münchner Romanisten Karl Vossler[68] angesprochen habe, um einen Kontakt zu Romano Guardini herzustellen. Vossler starb allerdings schon 1949. Jedenfalls bekam Ulrich die offensichtlich von Dr. Luchs vermittelte Einladung, bei Guardini vorzusprechen.

Das Gespräch mit Guardini verlief sehr herzlich, und am Ende schenkte Guardini Ferdinand Ulrich «als Omen» *Shakespeare's complete works*[69]. Semesterlang war

67 Dr. Ludwig Luchs, *03.07.1888 in Erlangen, wohnhaft in der Von-der-Tann-Str. 10, zieht am 15.11.1959 von Mühldorf nach Erlangen (Auskunft vom Stadtarchiv Mühldorf 2021).

68 Karl Vossler, *6.9.1872 in Hohenheim, †18.5.1949 in München; Rektor der Universität München vom 1. März 1946 bis zum 31. August 1946.

69 Zuweilen zitierte Ulrich in Gesprächen Shakespeares *King Lear:* «‹Ay› and ‹no› too was no good divinity. – Ja und Nein zugleich, das ist eine schlechte Theologie». Vgl.: *Gabe und Vergebung. Ein Beitrag zur biblischen Ontologie,* Schriften V, herausgegeben und eingeleitet von Stefan Oster, Freiburg ²2015, 404.

Ulrich dann oft samstags nachmittags bei Guardini. Es war eine «ganz intensive Beziehung». Guardini schenkte dem jungen Ulrich viel Vertrauen, Ulrich hat Guardini verehrt und gemocht. Seine Vorlesungen waren für ihn «wie Salböl». Was er von ihm lernte, spielte sich nicht so sehr auf der inhaltlichen Ebene ab, sondern bezog sich auf die Art und Weise seines Umgangs mit der Wirklichkeit, auf das Hinschauen, die Behutsamkeit im Wahrnehmen, das Sprechenlassen der Phänomene, das Reifenlassen eines Gedankens. Ulrichs Denkstil war ein anderer. Guardini hatte seinen Stil von Mörike, den er, wie er Ulrich bekannte, täglich las.

Hin und wieder unterstützte Guardini den Studenten Ulrich finanziell. Im Jahr 1957 erhielt Thornton Wilder den Friedenspreis des Deutschen Buchhandels und gab das Preisgeld von 10.000 DM Guardini, damit dieser es an arme Studenten verteile. Auch Ulrich erhielt etwas davon.

Guardini promovierte niemanden, schrieb aber für Ulrich einen Empfehlungsbrief an Professor Alois Dempf,[70] der leider sehr despektierlich und negativ reagierte. Dempf war jedoch die einzige Möglichkeit, weil der andere Lehrstuhlinhaber nichts von Metaphysik verstand.

Wenige Jahre vor seinem Tod gab Ulrich einem Freund einige kopierte Seiten aus einer Arbeit von Berthold Gerner über Romano Guardinis Zeit in München. In diesem Buch wird unter anderem von einem Studenten berichtet, bei dem es sich offensichtlich um Ferdinand Ulrich handeln muß, obwohl er nicht namentlich genannt wird. Es wird daraus ersichtlich, wie sehr Romano Guardini Ferdinand Ulrich schätzte. Es ist die Rede von einem Studenten, der

«zahlreiche Semester lang, häufig am Samstagnachmittag, zu Guardini kommt, und den Guardini offenbar nicht nur im Gespräch berät, sondern durch eine ganze Reihe von Empfehlungsschreiben zu fördern versucht. Da etliches davon im Nachlaß erhalten ist, können wir an diesem Beispiel konkret belegen, welche Mühe sich Guardini macht, um diesem einen Studenten zu helfen. Man wird verstehen, daß wir dabei Namen und Daten weglassen; aber wir zitieren wörtlich.

Das erste Zeugnis stammt aus einer Zeit, als der Student mit der Promotion bereits sein Studium abgeschlossen hat. Wie kann es nun weitergehen? Guardini schreibt einem ihm persönlich bekannten auswärtigen Ordinarius: ‹Vor einigen Jahren kam zu mir ein junger Student. Er hatte ein hartes Schicksal hinter sich und lebte unter sehr schwierigen Verhältnissen. Es zeigte sich bald, daß er ungewöhnlich begabt sei, und so gelang es, ihn in die Studienstiftung zu bringen. Sein

70 Alois Dempf, *02.01.1891 in Altomünster, †15.11.1982 in Eggstätt. Katholischer Philosoph. Ab 1948 war er Lehrstuhlinhaber in München.

ganzes Interesse geht auf die Philosophie im reinen Sinn des Wortes. Auch darin ist sein Weg nicht leicht gewesen; wie ich glaube, ein Zeichen für die Überdurchschnittlichkeit seines philosophischen Sinnes. Er ist nun promoviert und hat den in unserer materialistischen Zeit fast phantastisch zu nennenden Willen, sich ganz der Philosophie zu widmen. Ich glaube, daß diesem Wunsch eine echte Substanz zu Grunde liegt, denn mir ist nicht oft eine so tiefe Beteiligung und eine solche Bereitschaft zur Arbeit vorgekommen. Hinzu kommt eine schöne geistige Frische und der Mut, die Probleme an ihrer dichtesten Stelle aufzusuchen. Besonders berührt hat mich persönlich die Tatsache, daß er die Frage empfindet, die auch mich seit langem bewegt: nach dem Sinn des Endlichen und nach dessen Ort im Absoluten. (Wenn ich recht sehe, liegt hier überhaupt eine der philosophischen Grundfragen unserer Zeit.) Kurzum, es wäre schade für den Menschen X. wie für die Sache der Philosophie, wenn er nicht seine ganze Kraft in letztere hineinwerfen könnte. Dafür gibt es aber wohl nur den Weg der Habilitierung.› Und Guardini frägt den Kollegen, ob er sich mit dieser Frage abgeben wolle, schlägt einige Verfahrensmöglichkeiten vor. Aus nicht ersichtlichen Gründen wird aus diesem Vorschlag nichts.

Zwei Jahre später schreibt Guardini ein weiteres Gutachten. Der Text läßt weder erkennen, an wen es gerichtet ist, noch zu welchem Zweck es dienen soll. ‹Ich kenne den Herrn X., seitdem er seine Universitätsstudien begonnen hat; habe öfters mit ihm gesprochen und immer wieder den gleichen günstigen Eindruck gewonnen.› Nach diesem Beginn folgt ein allgemeiner Hinweis auf seine Begabung, dann aber: ‹Was mir bei ihm immer besonders aufgefallen ist, war eine Eigenschaft, der ich sehr selten begegnet bin, nämlich eine primäre Beteiligung an den philosophischen Problemen. Interesse an philosophischen Problemen findet sich öfter, philosophische Begabung auch; Menschen hingegen, für die das Philosophieren Lebensnotwendigkeit ist, dürften wohl Ausnahmen sein. Bei Dr. X. glaube ich, ist das der Fall. – Was den Charakter seines Philosophierens angeht, so setzt es in glücklicher Weise die Tradition des soliden realistischen Denkens fort, wie sie von der aristotelisch-platonischen Philosophie durch das hohe Mittelalter in unsere Zeit führt. X. hat sich aber auch mit der Phänomenologie, mit Martin Heidegger und mit dem Existentialismus auseinandergesetzt und wird in der Lage sein, die von dorther kommenden Probleme zu behandeln.› Da die in Aussicht genommene Tätigkeit offenbar mit Lehre zu tun hat, folgt eine weitere Charakterisierung: ‹Die Art seines Sprechens ist noch etwas schwer. Er ist bemüht, in die Tiefe zu gehen, und tiefe Dinge leicht verständlich zu sagen, ist nicht Sache des Anfangens, sondern der Meisterschaft. Doch wird Dr. X. sich bald einarbeiten und mit seiner jungen Hörerschaft in ein gutes Verhältnis kommen, denn er hat viel Liebe zum Menschen und den Wunsch, ihm zur geistigen Entfaltung zu helfen. Hinzufügen möchte ich noch, daß ich bei ihm immer den Eindruck eines lauteren und ernsten Charakters habe, der als Lehrer auf seine Schüler nur den besten Einfluß ausüben kann.›

Wiederum einige Zeit später gelingt die Habilitation, auch eine feste Anstellung ergibt sich relativ bald. Aber nach Jahren möchte sich X. verändern, und Guardini will ihm wieder dabei behilflich sein. Im Abstand von zwei Monaten schickt er Gutachten bzw. Brief[e] in zwei ganz verschiedene Richtungen der deutschen Universitätslandschaft. Beide Male beschränkt sich Guardini darauf, die philosophische Situation zu kennzeichnen und X. als den Mann zu benennen, der die dadurch gestellte Aufgabe recht bewältigen werde. In dem einen Gutachten beklagt er die Lage so: ‹Der Relativismus in allen seinen Formen, als Historizismus, Soziologismus, Psychologismus und wie immer, beherrscht die heutige kulturelle Situation so tief, daß die Forderung echter philosophischer Erkenntnis manchmal fast als Naivität erscheint. Wir sind durch die Frage beunruhigt, wie die Universität den zahllosen sachlichen Anforderungen der Gegenwart genügen und zugleich die Aufgabe geistig-personaler Kernbildung erfüllen könne. Was der Student auf der Hochschule neben einem immer stärkeren Szientismus antrifft, ist ein Relativismus, der in Gefahr steht, im Gegenstoß irgend einer Doktrin zu erliegen. Hier hat die Philosophie die Aufgabe, über bloßes Wissen hinaus zu geistigem Charakter und personaler Festigkeit zu führen. Was mich in der Haltung von Herrn X. von Anfang an beeindruckt hat, waren der Mut und der Ernst echter philosophischer Entscheidung. Ich bin sicher, er ist fähig und willens, an der genannten Aufgabe mitzuwirken.›

Zwei Monate darauf in Guardinis Brief an einen deutschen Kultusminister: ‹Ich brauche Sie nicht auf die Skepsis aufmerksam zu machen, die zusammen mit einem im Grunde dürren Scientismus [sic] weiterhin unsere Universitäten bestimmt. Diese geistigen Haltungen sind ja die Kehrseite davon, daß der heutige Student weithin an der Universität nichts anderes sucht als die Voraussetzung, um später beruflich weiterzukommen. Um so wichtiger, daß der Mann, der die Philosophie vertritt, überzeugt sei, es gibt Wahrheit, und der Wille zur Wahrheit bildet die Wurzel aller echten Geistigkeit.› Bei Herrn X., unterstreicht Guardini, habe er diesen ‹philosophischen Wahrheitsernst in einer echten und schönen Form gefunden›: ‹Ich glaube, er ist fähig, ihn auch seinen Hörern zu vermitteln; dazu würde ich ihm aber einen breiteren Hörerkreis wünschen, als er ihn unter den doch recht eingeschränkten Voraussetzungen von Y. hat.› Deshalb also dieser lange und eingangs etwas umständlich wirkende Brief! Beide Eingaben führen nicht zu dem angestrebten Ergebnis, jedoch kann Guardini noch erleben, daß sein Schützling ein Ordinariat erhält.»[71]

71 Berthold Gerner, *Romano Guardini in München*, Beiträge zu einer Sozialbiographie, Bd. 1: Lehrer an der Universität, hrsg. von der Katholischen Akademie in Bayern, München 1998, 316-318.

Im Jahr 1985 schreibt Hans Urs von Balthasar in einem Gutachten für die Wiederbesetzung des Romano-Guardini-Lehrstuhls an der Ludwig-Maximilians-Universität München in der Nachfolge von Eugen Biser: «Dazu ist beizufügen, daß Ulrich im allgemeinen schwer schreibt, während er, wie seine begeisterten Zuhörer in Regensburg und im Berchmanskolleg München einhellig sagen, und wie ich aus jahrzehntelanger Erfahrung bezeugen kann, leicht redet; er redet nämlich über ein Thema so lange und so einfach, bis auch der Schwerfälligste verstanden hat. Er spricht auch immer in genauer Beobachtung seiner Zuhörerschaft. Der Reichtum seines philosophischen Universums, die wahrhaft stupende intuitive Kraft, mit der er jede seiner Provinzen durchdacht und situiert hat, zeigen die Überlegenheit dieses allzu bescheidenen und von vielen übersehenen Mannes.»[72]

Die drei Doktorarbeiten

«Tiefer als dieses Schreiben war so eine Art Schau.»

Die erste Arbeit: Wintersemester 1954/55

Der Weg zur Promotion war eine leidvolle «einzige Tragödie». Im Wintersemester 1954/55 hat Ferdinand Ulrich seine erste Promotionsarbeit geschrieben.

Zunächst ist er in München «von einem Professor zum anderen gelaufen», um zu sehen, wo er «irgendwie Fuß fassen» konnte. Aloys Wenzl[73] war keine Möglichkeit, weil er naturphilosophisch orientiert war. Ein oder zwei Semester lang ging Ulrich zu Professor Josef Stürmann,[74] bis er von ihm ganz offiziell rausgeschmissen wurde. Vorangegangen war eine Diskussion zwischen ihnen über Descartes, Kant und die Transzendentalphilosophie. Anschließend fand Ulrich zu Gottlieb Söhngen,[75]

72 Eine Kopie des Briefes liegt dem Autor vor.

73 Aloys Wenzl, *25.01.1887 in München, †20.07.1967 in München.

74 Josef Stürmann, *06.08.1906 in Münster, †01.01.1959 in München.

75 Gottlieb Clemens Söhngen, *21.05.1892 in Köln, †14.11.1971 in München. Vgl. Peter Seewald, Benedikt XVI. Ein Leben, München 2020, S. 230ff.

der an der Theologischen Fakultät lehrte. Das «war ein ungeheuer guter Philosoph und Priester». «Bei dem habe ich ganz viele Seminare besucht, Hauptseminare und Oberseminare.» Zu dieser Zeit habilitierte sich Joseph Ratzinger bei Söhngen, und so saßen beide zusammen in einem Seminar. Bei Söhngen war Ulrich glücklich. Außerdem beglückte ihn die Begegnung mit dem Lehrbeauftragten Henry Deku,[76] «von dem ich eigentlich das allermeiste gelernt habe, vor allem für die antike Philosophie». Das «war ein ganz tiefer, kluger, gescheiter, auch ein geistlicher Mensch, ein betender Mensch..., den habe ich sehr gemocht und er mich auch». Deku lud ihn zu Spaziergängen in den Englischen Garten ein. Ulrich hatte damals sehr wenig Geld und bekam von Deku, der auch in Schwabing wohnte, öfter Bananen, ein Mensaessen, Kuchen oder Fruchtsaft spendiert. «Ein ganz guter Mensch.»

Durch die Vermittlung Guardinis ist Ulrich zu Alois Dempf gekommen. Ulrich teilte Dempf den Wunsch mit, über Sein und Wesen mit Blick auf den Menschen zu arbeiten («Onto-Anthropologie»). Dempf äußerte sich aber im Gespräch mit Guardini ablehnend («Der Depp hat ja keine Ahnung von der Philosophie») und vermutete, Ulrich würde zu ihm kommen, um die Philosophie als «Melkkuh» für eine Doktorarbeit zu mißbrauchen. Trotzdem nahm Dempf Ulrich als Doktoranden an und forderte ihn auf, seine Arbeit zu schreiben, wobei er ihm ein Buch von Gilson[77] empfahl. Zu Hause in Mühldorf waren die Wohnverhältnisse sehr beengt. Deshalb durfte Ulrich im Haus von Dr. Luchs in Mühldorf am Wohnzimmertisch bei gutem Licht seine erste Arbeit schreiben. Der Titel dieser über 240 Seiten langen Arbeit war: *Sein und Wesen. Spekulative Entfaltung einer anthropologischen Ontologie.*[78] Die fertige Arbeit ließ er mit finanzieller Unterstützung des Dr. Luchs in einem Münchner Schreibbüro abschreiben und legte sie dann Prof. Dempf vor.

Beim Schreiben benutzte Ulrich nichts außer Papier und einem Füllfederhalter. «Tiefer als dieses Schreiben war so eine Art Schau.» Am Anfang hat er nicht ein Ganzes vor sich gesehen; dieses hat sich auch nicht im Prozeß entwickelt, «sondern es war so, daß immer, wenn ich wirklich und gesund und fruchtbar und in Wahrheit angefangen hab, im Anfang immer schon alles da war, ohne daß ich es als ganze Gestalt gesehen hätte. Und zugleich war dieser Anfang ein Aufbruch in die Entfaltung des Ganzen. Der Anfang war also immer zugleich ganz erfüllt und leer.» Am Anfang sei er immer in einem Zustand von arm und reich zugleich gewesen. Wenn der Anfang aufgebrochen war, habe es eine Notwendigkeit gegeben, die kein Zwang war. Ulrich

76 Der konvertierte Jude Henry Deku, *13.12.1909 als Heinz Dekuczynski in Berlin, †03.09.1993 in München. Vor seiner Flucht nach England im Jahr 1938 war er im KZ Buchenwald in «Schutzhaft».

77 Étienne Henry Gilson, *13.06.1884 in Paris, †19.09.1978 in Auxerre.

78 Vgl. Ferdinand Ulrich, *Homo abyssus*, Einleitung von Martin Bieler, XXIV ff.

vergleicht dies mit einem Spiel: Die Spielregeln und das Spiel waren ein und dasselbe: «wenn ich da drin war, dann ist das einfach gekommen und zwar in einem Muß, das identisch war mit dem freien Vollzug». Dies habe er oft so erfahren.

In Bezug auf sein 1958 entstandenes Werk *Homo abyssus*[79] habe er später auch angesichts der Abstraktheit des Buches eine gewisse Trauer verspürt bei dem Gedanken: «Was war das für ein Leben, als ich da drin war! Was war das für eine ungeheure Lebendigkeit und eine Fülle und ein Reichtum; und jetzt ist da sowas übrig, so wie ein Kleid, das jetzt daliegt.» Und er vergleicht den Text mit etwas, das «darauf wartet, ... noch einmal entdeckt zu werden durch den Geist... Der Leser müßte auch wieder begnadet werden. Der müßte aus demselben Geist sein. Derselbe Geist müßte in den hereinfahren... Das ist wie eine Musik, das kann man nicht beschreiben, ganz lebendig...»[80] Das Niedergeschriebene sei in Ulrich «schon irgendwie da» gewesen, und dies hänge auf eine gewisse Weise mit seiner Geburt zusammen.[81] Vorlesungen und Seminare, vor allem bei Söhngen, waren dazu wie eine Nahrungszufuhr. Das, was schon da war, ist genährt worden.

Bei Dempf stieß er auf totales Unverständnis. «Aus dessen ganzer Vorlesung, allen seinen Vorlesungen und Seminaren weiß ich kein Wort, keinen Satz mehr. Nichts. Und nicht nur jetzt, 45, 50 Jahr später, sondern damals schon.» Bei Deku hingegen gab es viel zu lernen für ihn über Aristoteles, Plato, Plotin u.v.m. «Aber beim Dempf hab ich eigentlich überhaupt nur gelitten.»

Die erste Doktorarbeit wurde in den Ferien zwischen zwei Semestern fertig. Als er mit der Arbeit zu Dempf kam, gab es «ungeheures Geschrei». Dempf meinte, Gilson habe ein Buch zum Thema verfaßt, und es gäbe unzählige Bücher über das Problem, und da käme einer, der mache da so eine Art spekulative Synthese. Er solle erst einmal richtig arbeiten lernen. «In einem gewissen Sinn hat er ja recht gehabt, weil ich nicht so gearbeitet habe, wie man eine Doktorarbeit macht... Das muß ich sagen, da hat er irgendwie Recht gehabt, daß ich mich nicht da hingesetzt hab und viele Bücher gelesen und Zitate und so weiter...» Dempf lehnte die Arbeit einfach ab. «Wenn er gesagt hätte: ‹Ja, da sind gute Gedanken drin, aber jetzt ist's notwendig, daß Sie das

79 Vgl. unten das Kapitel zur Habilitationsschrift.

80 Als er Jahrzehnte später eine Widmung in ein Exemplar seines *Homo abyssus* schreibt, zitiert er Thomas von Kempen (*De Imitatione Christi, lib.* I, cap. 1, 3): «Quid prodest tibi alta de Trinitate disputare; si careas humilitate unde displiceas Trinitati? ... Si scires totam bibliam exterius et omnium philosophorum dicta; quid totum prodesset sine caritate Dei et gratia?» («Was nützt es dir doch, über die Dreieinigkeit hochgelehrt streiten zu können, wenn du die Demut nicht hast, ohne die du der Dreieinigkeit nie angenehm werden kannst. [...] Kenntest du die ganze Bibel auswendig und die Lehrsprüche aller Weisen, hättest aber dabei die Gnade Gottes nicht und die Liebe: wozu nützte dir all dieses?» *Nachfolge Christi.* Nach der Übersetzung von J.M. Sailer, Leipzig 1947, 11f).

81 Vgl. oben das Kapitel «Geburt».

ins Gespräch bringen mit anderen und den Gilson lesen und dann noch ein paar andere Philosophen dazu lesen und ins Gespräch kommen…›, da wär ich ihm um den Hals gefallen.»

Die zweite Arbeit: Sommersemester 1955

Nach diesem gescheiterten Versuch hat Deku noch einmal mit Dempf gesprochen. Dempf hielt viel von Deku. Daraufhin konnte Ulrich nochmals bei Dempf vorsprechen. Dempf zeigte Ulrich an den Wänden des Raumes Bilder von verschiedenen Philosophen, die Ulrich alle kannte. Als er schließlich einen doch nicht kannte, bekam er zu hören: «Sie haben ja überhaupt keine Ahnung von der Philosophie…» Dieser sei «der größte Denker, der spekulativste Denker der Neuzeit, ein genialer Denker, ein ungeheurer Mann: Anton Günther».[82] Seine «anthropologische Urgrundlehre» müsse endlich herausgearbeitet werden. Nachdem Ulrich nochmals bekannte, Günther nicht zu kennen, fragte ihn Dempf, ob er wisse, was dieser geschrieben habe, und schrie: «*Euristheus und Herakles!*» Daraufhin las Ulrich dieses Buch in der Bibliothek. «Da hab ich mir gedacht: Ja, da sind so Sachen drin…, das hab ich in der ersten Arbeit. Und hab das gleich verstanden, worum es da geht, und hab mich hingesetzt und hab geschrieben.» Die neue, wiederum in kurzer Zeit fertiggestellte Arbeit hieß: *Versuch einer spekulativen Entfaltung einer anthropologischen Urgrundlehre nach dem Entwurf in Anton Günthers: ‹Euristheus und Herakles›* (1955, 110

Anton Günther (1783-1863)

82 Anton Günther, Philosoph, kath. Priester, *17.11.1783 in Lindenau (Lindava), †24.02.1863 in Wien. Seine Priesterberufung fand Anton Günther in Wien im Kreis um Clemens Maria Hofbauer, in welchem er später eine wichtige Rolle spielen sollte. Vgl.: Rudolf Till, *Hofbauer und sein Kreis,* Wien 1951, 76, 122f. «G.s System wurde aber von seinen neuscholastischen Gegnern als Semirationalismus bezeichnet und angezeigt. Nach langjährigem Prozeß um die Orthodoxie G.s (seit 1852), wobei Pius IX. Güntherianer (Baltzer, Gangauf, Knoodt) zur Verteidigung ihres Meisters nach Rom kommen ließ, wurden die Werke G.s am 8.1.1857 indiziert. G. unterwarf sich, blieb aber verbittert»: Wenzel, Paul, «Günther, Anton» in: Neue Deutsche Biographie 7 (1966), 268-269 [Online-Version: : https://www.deutsche-biographie.de/pnd118543237.html].

Seiten).[83] Diese Arbeit bezog sich nebenher noch auf ein zweites Buch von Günther, welches Ulrich aber nicht ganz gelesen hatte. Auf die kurze Entstehungszeit angesprochen meinte Ulrich, daß er sich dafür «schäme». Es gebe in ihm zwei Seiten. Auf der einen Seite habe er akribisch und genau gearbeitet und nachgeschlagen. Aber bei diesem Schreiben («wo da wirklich aus mir das herausgekommen ist»), habe er nicht so gearbeitet, obwohl er es hätte tun sollen. Günthers Lehre sei von der Kirche verurteilt worden, er sei aber ein genialer Mann gewesen.

Ulrich ließ auch die zweite Arbeit abtippen und gab sie bei Dempf ab. Dempf wohnte in der Felix-Dahn-Str. 6a in München-Bogenhausen. Dorthin sollte er nach etwa vierzehn Tagen kommen. Damals gab es das Gerücht, Dempf habe im Garten seines Hauses sein Testament vergraben lassen, in dem er prophezeie, Meister Eckhart werde einmal von der Kirche heiliggesprochen.

Dempf sei gerade vom Mittagschlaf aufgestanden gewesen, als Ulrich zu ihm kam, habe die Arbeit genommen und sie ihm auf den Kopf gehauen mit der Bemerkung: «‹Gell, der Anton Günther [und gelacht:] hahaha, da kommt so ein junger Mann, mei, der kommt da daher und der möchte jetzt den kleinen Mozart spielen und schreibt dann diese Arbeit, gell?›» Wrumm! Zum zweiten Mal [schlug er ihm die Arbeit auf den Kopf]. «‹Das geht nicht. Sie können nicht eine solche Arbeit schreiben, das geht überhaupt nicht; das haben Sie nur so gemacht, weil Sie den kleinen Mozart gespielt haben… Aber in Wirklichkeit können Sie diese Arbeit nicht schreiben. Das geht nicht! Deshalb nehmen Sie das und gehen Sie, gehen Sie hinaus, hinaus!› – Und dann war ich schon bei der Tür wieder draußen.»

Die dritte Arbeit: Wintersemester 1955/56

Da das Stipendium der Studienstiftung auslief und Ulrich unbedingt mit der Promotion fertig werden mußte, bat er Deku, ein weiteres Mal bei Dempf vorzusprechen. – Ulrich durfte nochmals zu Dempf kommen. Dieser schrie: «Hinsetzen! Papier! Schreiben!» und diktierte das Thema: «Inwiefern ist die Konstruktion der Substanzkonstitution maßgebend für die Konstruktion des Materiebegriffes bei Suárez, Duns Scotus und Thomas?»[84]

Im ersten Stock befand sich neben der Mensa ein Lesesaal für Studenten. Dort arbeitete er. Bei Thomas und Scotus konnte Ulrich auf bereits erworbene Kenntnisse zurückgreifen, weniger bei Suárez. Zwei Tage lang studierte er Suárez. «Dann ist das Suárez-Ka-

83 Vgl. *Homo abyssus,* XXV.
84 Vgl. ibid.

pitel gekommen und dann das Scotus-Kapitel und dann das Thomas-Kapitel, und nach zehn Tagen war die Arbeit fertig. Und dann bin ich mit einem Blutsturz zusammengebrochen.» Aus Mund und Nase spritzte Blut. Der Arzt sagte, dies komme von einer Überanstrengung. Mit zugestopfter Nase diktierte Ulrich, der nicht Schreibmaschine schreiben konnte, wiederum die ganze Arbeit, diesmal 135 Seiten. Deku bat Ulrich, ihm Bescheid zu geben, wenn er die Arbeit abgebe. Vermutlich hat Dempf dann Deku die Arbeit zum Lesen gegeben. Am Ende des Werkes hatte Ulrich seine Ergebnisse in sechzig Thesen zusammengefaßt. Dempf hat dann – nach Ulrichs Vermutung unter Dekus Einfluß – die Arbeit mit einem «Magna cum laude» bewertet. Hätte Deku, der sehr klug war, die Arbeit zu sehr gelobt, wäre sie vermutlich wieder abgelehnt worden. Also akzeptierte Dempf schließlich den dritten Versuch mit einem «mageren ‹Magna cum laude›».

Mündliche Prüfungen

«Und um neun Uhr am Abend war ich im Kaffeedelirium.»

Danach kamen die mündlichen Prüfungen, drei Rigorosa: bei Dempf, bei Söhngen und bei Lersch. Man brauchte zwei Nebenfächer. Als zweites Nebenfach neben der Fundamentaltheologie hatte Ulrich Psychologie bei Philipp Lersch studiert.[85] Die Prüfungen bei Dempf und Lersch waren furchtbar.

Das erste Examen hatte er bei Dempf zu absolvieren. «Um vier Uhr nachmittags war ich bestellt zur Prüfung, und um neun Uhr am Abend ist er gekommen. [Er hat] mich fünf Stunden warten lassen. Und unterdessen hat mir seine Sekretärin, die Frau seines Assistenten [Mordstein][86]..., um mich zu erfrischen und zu beruhigen, unaufhörlich Kaffee gekocht.» Es waren «mindestens fünfzehn Tassen, wenn nicht zwanzig. Und um neun Uhr am Abend war ich im Kaffeedelirium. Und wie

85 *04.04.1898 in München, †15.03.1972 in München.

86 Ulrich erzählte: «Der Assistent vom Dempf hieß Mordstein. Das war ein Panzerhauptmann im Zweiten Weltkrieg, ein Altphilologe, ein Panzerkämpfer»: Friedrich Mordstein, *22.06.1920, †04.09.2010.

der Dempf gekommen ist zur Prüfung, hab ich nicht mehr gewußt, erstens, wie ich heiße, zweitens, wo ich bin und [drittens] was das alles da soll.» Dann kam Dempf in seinem Mantel, mit einem Hut mit breiter Krempe und einer Virginia aus dem Mund hängend, ließ sich von Mordstein den Mantel abnehmen, holte eine Flasche Schnaps aus der Schublade und sagte: «Ulrich, jetzt sauf ma oan!» Ulrich verwies auf seine Leberkrankheit und darauf, daß ihm ganz schlecht sei. Dempf meinte, er sei selbst leberkrank, und rief Mordstein und Deku herein, damit sie mit ihm tränken. Der ehemalige Panzerhauptmann Mordstein habe in Habachtstellung geantwortet: «Jawohl, Herr Professor!» Deku habe ausgesehen wie die Totenmaske von Pascal.

«Ich war schweißüberströmt und habe gezittert von dem Kaffee und angesichts dessen, was da jetzt passiert. Dann ist der Deku wieder verschwunden, dann war ich mit dem allein. Da war kein Beisitzer. Ich war dem völlig ausgeliefert, ganz allein. Da war's schon halb zehn am Abend. Um vier Uhr sollte das beginnen, es war schon halb zehn.» Dempf hatte schon vier Schnäpse getrunken und sagte undeutlich etwas, das Ulrich akustisch nicht verstand. Dann war klar, was gemeint war: Synholon, Eidos: Form und Materie bei Aristoteles. Als Ulrich anfing, darüber zu reden, wurde er von Dempf unterbrochen: «Ulrich, jetz hör ma auf, gell, hör ma auf mit dem Zeig da, hör ma auf, daß ma ned überschnappen, gell, daß ma, daß Sie ned an Verstand verliern noch, weil es ist ja wirklich die Gefahr, daß Sie noch amal an Verstand verliern, jetz schreib ich dann, gell, kriegns nur a Magna cum Laude, damit Sie mir ned überschnappen.» Die Prüfung hatte einschließlich Schnaps ungefähr sechs oder sieben Minuten gedauert.

Anschließend kam die Psychologieprüfung bei Philipp Lersch. Ein leptosomer Typ, der immer einen weißen Kittel trug, «weil er sich als Arzt gefühlt hat, Psychoarzt». Im Zimmer stand auf vier Füßen ein riesiger Wecker, den der Professor aufzog. Genau auf fünfundvierzig Minuten. Der Wecker begann laut zu ticken, und Lersch begann, Ulrich auszufragen. Genau nach einer dreiviertel Stunde ertönte der Wecker, und die Prüfung war vorbei.

Lersch hatte ein dickes Buch geschrieben: *Aufbau der Person.*[87] «Nach dem Examen beim Lersch hab ich jede Seite einzeln herausgerissen aus dem Buch und ins Feuer geworfen. Und dann hatte ich noch drei Manuskripte von Mitschriften, die hab ich einzeln zerrissen und ins Feuer geworfen. Und dann war's mir irgendwie wohler. Und das war ein dickes Buch, fünfhundert Seiten, das hat lang gedauert, bis das alles verbrannt war.» Lersch sei nicht dumm gewesen und habe es gut gemeint, aber Ulrich konnte «mit dem ganzen Ding nix...»

87 Die Ausgabe von 1954 hat 590 Seiten.

Schließlich folgte noch Söhngen. Prof. Söhngen stammte aus der Diözese Köln und spielte während der Vorlesung immer mit seinem Jackenknopf, bis er abging, «und den Leuten [hat er] gesagt: ‹Meine Lieben!› – und der hieß mit Vornamen Gottlieb – ‹Wen Gott liebhat, den züchtigt er›.» Bei ihm hatte Ulrich viel gelernt: «ein genialer Theologe, ein wunderbarer Mann». Ulrich kam zu Söhngen in dessen Wohnung in der Görresstraße. «Und da war ein ganz großer Tisch gedeckt mit wunderbaren Kuchen, mit Kakao und Kaffee und in Schälchen Schlagrahm und ein schönes Besteck. ‹So Herr Ulrich, jetzt setzen Sie sich mal schön hin!› Und dann ist der Jottlieb[88], der auch ein großer Musiker war, zu seinem Flügel gegangen und hat mir vorgespielt.» Söhngen konnte wunderbar Klavier spielen und wollte Ulrich damit erfreuen. Aber der konnte vor lauter Aufregung nicht einmal die Tasse halten. «Dann hat er sich zurückgelehnt und hat gesagt: ‹Na also, lieber Herr Ulrich, jetzt waren Sie ja vier Semester bei mir, gell, in Hauptseminaren und Oberseminaren, und da hab ich Sie ja kennengelernt. Und da stand natürlich gewissermaßen schon a priori für mich die Note fest. Aber sagen Sie mal, damit wir uns auch ein bißchen unterhalten, ja bei Bonaventura, was würden Sie denn da so sagen, wo ist denn da das Verhältnis des Geschöpfs zu Gott? Aber natürlich, des sag ich Ihnen gleich nochmal, das hat mit der Note überhaupt nichts zu tun, also dat ist für mich schon festgestanden, nicht wahr, was Sie für eine Note kriegen, aber jetzt reden wir mal da so drüber…› ‹Herr Professor, ich muß Ihnen ehrlich sagen, ich weiß überhaupt nichts mehr.› ‹Ach ja, sehen Sie, ich hab Ihnen ja gesagt, auch wenn Sie jetzt hier nichts wissen, stand die Note ja schon fest, nicht wahr.› Und der, der hat mir dann 0,5 gegeben, ausgezeichnet, weil er gesehen hat, daß ich total durcheinander war… Ich hab überhaupt nichts mehr gewußt, ich war da nur schweißüberströmt und war froh, wie ich dann wieder aus dem Haus draußen war. Das war meine Prüfung an der Universität in München. Im Frühjahr 1956 hat sich des alles abgespielt. So bin ich Dr. phil. geworden.» Am 1. März 1956 wurde Ferdinand Ulrich promoviert.

88 Kölsche Aussprache von Gottlieb.

Wichtige Begegnungen, Habilitation und berufliche Anfänge

Tegernsee und Passau

«...es gab kein Gespräch mit ihm ohne den lieben Gott»

Nach der Promotion war Ferdinand Ulrich, um seinen Lebensunterhalt zu verdienen, kurzzeitig als Präfekt am Internat Thomaneum[89] am Tegernsee tätig, darauf ganz in der Nähe für ein paar Monate Präfekt im Studienheim Albertinum,[90] wo Söhne sehr reicher Eltern unterrichtet wurden.

Dann hörte er, daß die Englischen Fräulein in Passau einen Aushilfslehrer für Deutsch und Latein suchten. So wurde er für ein Jahr (1956/57) Aushilfslehrer am Mädchengymnasium Passau Niedernburg unter der Rektorin Mater Dr. Bernarda Wagner. In der angeschlossenen Mittelschule unterrichtete er Erziehungskunde. Insgesamt hatte er bis zu neunundzwanzig Unterrichtsstunden pro Woche und hat sich «furchtbar geplagt». Abends hielt er dennoch oft «Vorträge bei den Leuten» (Akademikern und einfachen Gläubigen), etwa zum Thema «Jungfräulichkeit und Schweigen» oder über «Das Wort und die Wahrheit».[91]

89 Gemeint ist wohl das heutige «Gymnasium am Tegernsee». Im Curriculum vitae notierte Ulrich: «10.04.1956–20.07.1956: Präfekt am Studienseminar ‹Albertinum›, Tegernsee.»

90 Das Albertinum in München war im Krieg durch alliierte Bomber zerstört worden. 1950–1963 gab es eine Übergangslösung im Tegernseer Schloß der Wittelsbacher.

91 Im Curriculum Vitae notiert Ulrich: «Schuljahr 1956/57: Lehrer für Deutsch und Latein am Realgymnasium Passau–Niedernburg und Lehrer für Erziehungskunde an der (angeschlossenen) Mittelschule.» Frau Herta Hsu erinnert sich an die Erzählung, Ulrich habe einmal mit Ferdinand Bergentahl (vgl. S. 46f) im selben Krankenhauszimmer gelegen. Dort habe ihn seine Tochter Agnete besucht, die als Sr. Maria Beatrix in Passau im Kloster der Englischen Fräulein lebte. Diese habe bei der Gelegenheit auf die offene Lehrerstelle hingewiesen, und Vater Bergenthal habe dann angeboten, diesbezüglich mit der Direktorin zu sprechen. (E-Mails von Herta Hsu an Chr. Sperling vom 31.1.24 und 24.2.24).

Eine ehemalige Schülerin erinnert sich: «Dr. Ulrich war mein Lateinlehrer im Schuljahr 1956/57 in Passau. Dann mein Philosophieprofessor an der Pädagogischen Hochschule in Regensburg. Er war ein ungewöhnlicher Lehrer. Wenige seiner Studenten haben ihn vergessen. Als Mädchen in der Oberschule beeindruckte mich, daß so viele Wörter einen tiefen Sinn hatten.» «Dr. Ulrich war immer ein brennender Gläubiger – es gab kein Gespräch mit ihm ohne den lieben Gott. Der war immer lebendig dabei. Durch eine Jugendgruppe sah ich Dr. Ulrich oft. Als unsere ‹Führerin›, eine ältere Dame, erfuhr, was der neue Lateinlehrer alles sagte über Plato und Aristoteles und wir es nicht verstanden, lud sie ihn oft in unsere Gruppenstunden ein. Ich war Fahrschülerin, mußte die Schulnachmittage in der Schule verbringen, bis der Zug mich dann um 5 Uhr heimbrachte. Da war der junge Ferdinand Ulrich meist die Aufsicht im Fahrschülerzimmer. Einmal hatte ich einen Aufsatz zu schreiben, und das Thema war ‹Wenn man die Mädchen zu Müttern erzieht und die Jungen zu Vätern, dann wird es überall in der Welt gut stehen› (ich war 15). FU sah meine leere Seite und diktierte mir den Aufsatz. War ich erlöst! Er zitierte Augustinus und natürlich hab' ich es nie vergessen. Ob ich ihm damals gedankt habe?»[92]

Gustav Siewerth

«Er hat ein Löwenhaupt, aber ein Kinderherz.»

In seinem ganzen Leben traf Ulrich Gustav Siewerth[93] nur fünf- oder sechsmal. Während des Studiums in München hatte ihm sein Mitstudent Heinrich Beck[94] Gustav Siewerths *Der Thomismus als Identitätssystem*[95] gegeben. Ulrich schlug das Buch auf. «Und auf einer linken Seite oben, wenn ich mich nicht täusche, las ich – ich kann

92 E-Mails von Herta Hsu an Chr. Sperling vom 21.02.2020 und 07.05.2020.

93 Gustav Siewerth, *28.05.1903 in Hofgeismar, †05.10.1963 in Trient.

94 Prof. Heinrich Beck, *27.04.1929 in München.

95 Ersterscheinung 1939.

das wortwörtlich nicht mehr, man muß genau in dem Buch nachschauen –: Das Sein ist in sich ein Widerspruch. Und da habe ich mir gedacht, das ist aber jetzt ganz komisch, ein Widerspruch!?; ich müßte dann das Buch lesen. Und habe dann einfach so, wie man ein Buch wieder aufschlägt, aufgeschlagen; und da las ich, daß das ein Widersinn ist. Und in demselben Augenblick, ich glaube sogar bei dem Zitat: ‹ipsum esse est aliquid simplex et completum sed non subsistens›, weiß ich noch, wie ich die Augen zugemacht und gesagt habe: Nein, das ist kein Widerspruch, das ist kein Widersinn, sondern das ist genau das Geheimnis. Das war meine erste Begegnung mit Siewerth, das weiß ich noch ganz genau. Wie ich das gelesen habe, Widerspruch und Widersinn, da hat sich in mir so etwas zusammengezogen; und dann habe ich ein bißchen später auch in dem Buch gelesen, das Sein ist reine Vermittlung, und habe mir gesagt, das ist schon näher an dem, was ich so denke. Ich habe das Buch nicht ganz gelesen, aber die Thomaszitate waren alle in Deutsch darin, und ich habe mir einmal gesagt, wenn ich den Thomas lese, dann lese ich das lateinisch. Und habe den Thomas dann lateinisch gelesen.»

Ulrich schickte Gustav Siewerth seine ersten zwei Doktorarbeiten. Als etwa 1954 Siewerth zu einem Vortrag nach München kam, wollte Ulrich ihn kennenlernen. Nach dem Vortrag, der Ulrich gut gefiel, stellte er sich ihm vor, und Siewerth war überrascht, einen so jungen Mann zu sehen. Anschließend wurde Ulrich zu einem Gespräch mit weiteren Philosophen in die Wohnung des Prof. Hermann Krings[96] eingeladen.

Auch seine dritte – d.h. die eigentliche – Doktorarbeit schickte Ulrich an Siewerth. Das Exemplar, das Ulrich sich später zurückerbat,[97] hat viele Bleistiftanmerkungen Siewerths. Siewerth erwähnte diese Arbeit auch in seinem Werk *Schicksal der Metaphysik.*[98]

96 Hermann Krings, Philosoph, *25.09.1913 in Aachen, †19.02.2004 in München.

97 Heute im Besitz von Martin Bieler. Ulrich schlußfolgerte aus den Randbemerkungen Siewerths: «Offensichtlich muß dem Siewerth, was da drinsteht, sehr gut gefallen haben…, manche Seiten sind ganz schwarz mit Bleistift vollgeschrieben.» In der Dissertation Martin Bielers finden sich Überlegungen zum Verhältnis von Siewerth und Ulrich: Martin Bieler, *Freiheit als Gabe. Ein schöpfungstheologischer Entwurf*, Freiburg i.Br. 1991 (Freiburger theologische Studien, Bd. 145), 261-266.

98 Gustav Siewerth, *Das Schicksal der Metaphysik* von Thomas zu Heidegger, Johannes Verlag, Einsiedeln 1959, 159, Anm. 2: «Vgl. hierzu die ausgezeichnete Dissertation von Ferd. Ulrich…».

realis überhaupt heißt.[13] Eine Feststellung von eminenter Tragweite.
Ens und res sind also für Suarez aequivalente Termini. Auf dieser Linie allein können wir verstehen, was bei Suarez mit dem metaphysischen Moment der "Realität" gemeint ist. Ens erhellt ganz und gar von der res her. Die Konstitution der Substanz ist also R e a l i t ä t s k o n s t i t u t i o n, in diesem spezifischen Sinne vom Worte res her verstanden und die Konstruktion dieser Konstitution ist Konstruktion der Realitätskonstitution.
Bedenken wir also wohl: nicht vom esse her wird das ens benannt, sondern von der Essenz.
Später wird es unsere Aufgabe sein zu zeigen, daß diese Realitätskonzeption nur durch eine ganz bestimmte apriorische Ansatzthematik ermöglicht ist und von sich aus nur eine ganz bestimmte Konstruktion der Substanzkonstitution zuläßt.
Die Konstruktion gelingt von dieser Position her nämlich nicht als Begründung durch den Seinsakt im Sinne der metaphysischen Perfektion im Moment der Notwendigkeit des Seins (Thomas) und auch nicht auf dem Weg der Überführung von der Möglichkeit in die Wirklichkeit im Zuge der Notwendigkeit: possibile, creabile, creatum, d.h. im Sinne einer absolut durch die infinite Idealität creativ vermittelten Realität (Scotus),- sondern nur als Setzung des Seins- z u s t a n d e s. Dieser Seinszustand läßt nur die Möglichkeit einer "Setzung" übrig: einer Setzung, die als Realitätsetzung "participial" durchzeitlicht ist, wie wir sahen - einer Setzung, die w ä h r t und d a u e r t.[14]

b) Die reale Essenz.

Man darf jedoch, trotz des inneren Zusammenhanges, die essentia realis oder besser das, was eine essentia realis hat, das ens ut nomen also, nicht mit dem ens ut participium verwechseln.

13) Disp. II.4.5. Siehe dazu auch Disp.III.14. 14) Nicht unbedeutend scheint uns der Zusammenhang der aristotelischen Essenzdefinition: το τι ην ειναι, worin ja auch das "Währende" und "Dauernde" zum Ausdruck kommt, mit der suarezianischen Participialform ens und res.

Gut!

Anmerkungen von Gustav Siewerth in Ulrichs Doktorarbeit

In das Jahr 1956 fällt eine Begegnung Ulrichs mit Gustav Siewerth in Walberberg.[99] Ulrich hielt dort einen Vortrag mit dem Thema *Die Entfaltung des Menschen zum Totum Potestativum aus der Verendlichungsbewegung des Seins,*[100] welcher nach seinen eigenen Worten als eine Art Vorentwurf für *Homo abyssus* angesehen werden kann. Siewerth freute sich sehr über diesen Vortrag. Als Ulrich sich später in Regensburg bewarb, bat er den Direktor von Walberberg, Pater Paulus Engelhardt,[101] um ein Gutachten. In diesem Gutachten wird der nicht mehr vorhandene Vortrag von 1956 als bemerkenswert erwähnt. – Später folgte ein weiteres Treffen mit Siewerth am selben Ort.

1958 schrieb Siewerth ein sehr schönes Gutachten für die Bewerbung Ulrichs an der Pädagogischen Hochschule Regensburg. Und 1961/62 lud Ulrich, bereits als Vorstand der Pädagogischen Hochschule Regensburg, Gustav Siewerth zu einem Vortrag ein.

Siewerth kam öfter ins Haus Venio[102] nach München, wo er engen Kontakt zu Frau Renata Lohr OSB[103] pflegte. Auch dort begegneten sich beide Philosophen zu einem langen Gespräch, an dem auch Renata Lohr teilnahm.

Gustav Siewerth 1961 in St. Blasien

Ulrich schätzte Siewerth als einen genialen Philosophen, der wenig rezipiert worden sei. Lediglich Balthasar habe erkannt, was für ein «großer und tiefer Denker» Siewerth war: «Er hat ein Löwenhaupt, aber ein Kinderherz.»

Der Philosoph und emeritierte Erzbischof von Mecheln-Brüssel André Léonard gehört zu den Denkern, die durch Gustav Siewerth und Ferdinand Ulrich tief geprägt wurden: «Sie eröffneten mir viel breitere Horizonte als der französische Thomismus. Ich habe viel

99 Das Dominikanerkloster war von 1934 bis 1974 Sitz der Albertus-Magnus-Akademie als Philosophisch-Theologische Hochschule der Dominikaner. Das Kloster wurde 2007 aufgehoben.

100 Vgl. *Homo abyssus*, 235ff.

101 Paulus Maria Engelhardt OP, *04.05.1921 als Wolfgang Erasmus Engelhardt in Berlin, †27.05.2014 in Düsseldorf.

102 München, Döllingerstrasse 32. Eine 1929 entstandene benediktinische Frauengemeinschaft. Seit 1982 eigenständiges Priorat, seit 2013 Abtei.

103 Ilse (Sr. Renata) Lohr; 1911–1963, Eintritt in die Gemeinschaft 1938.

von ihnen empfangen.»[104] André Léonard begegnete Ulrich bei zwei philosophischen Kolloquien 1967 und 1968 in Gallarate. Sie verstanden sich sofort sehr gut. Die Lektüre von *Homo abyssus* war für Léonard «eine Offenbarung, die ihn später für seine Metaphysikkurse an der Katholischen Universität Louvain inspirierte». Er bezeugt seine Dankbarkeit, «diesen Philosophen und außerordentlichen Christen» persönlich gekannt zu haben.[105]

Vermittlung nach Salzburg, Romreise

«...einundzwanzig Stunden Zugfahrt»

In Passau lernte Ferdinand Ulrich Frau Elsa Guggemos kennen, eine ältere Oblatin der Abtei Niederaltaich, die zu der Meinung kam, Ulrich müsse sich habilitieren. Sie stellte Kontakt zu Abt Emmanuel Maria Heufelder[106] her, welcher Ulrich 1957 Pater Beda Thum OSB[107] in Salzburg empfahl, wo er auch zur Habilitation angenommen wurde. Ab 1957 erhielt Ulrich eine weitere Förderung durch die «Studienstiftung des Deutschen Volkes».

Pater von Tattenbach, der inzwischen Rektor des Germanicums geworden war, lud Ulrich im Jahr 1958 nach Rom ein. Man suche einen Bibliothekar, unter anderem zur Registrierung und Verarbeitung alter philosophisch-theologischer Schriften aus dem 16. Jahrhundert. So machte sich Ulrich auf die Reise nach Rom. Nach einundzwanzig Stunden Zugfahrt wurde er von P. von Tattenbach an der Stazione Termini abgeholt. Ihr Weg führte sofort nach St. Peter, wo Tattenbach Ulrich zuerst zum Grab

104 Mgr André Léonard, *L'Église dans tous ses états,* Paris 2023, 17.

105 E-Mail an Chr. Sperling vom 30.08.2021. Vgl. André Léonard, *Métaphysique de l'être. Essai de philosophie fondamentale,* Paris, 2006, 359, Anm. 1: «Ferdinand ULRICH est l'un des esprits métaphysiques les plus originaux et les plus profonds de notre temps.»

106 Emmanuel Maria Heufelder OSB, *30.03.1898 in Bad Tölz als Josef Heufelder, †08.09.1982 in Niederalteich. Die Oblatin Frau Elsa Guggemos (1899–1973?) ist die auf S. 72 erwähnte kath. Jugendführerin.

107 Pater Beda Thum OSB, *11.12.1901 in Regensburg, zum Priester geweiht in Metten 10.04.1926, †02.08.2000 in Schweiklberg, Mönch der Benediktinerabtei Metten und Professor für Philosophie in Rom, Salzburg und Wien.

Pius' X. führte, um dort lange kniend zu beten, dann zur Statue des hl. Petrus und zum Papstaltar. Anschließend fuhren sie zum Germanicum. Die Germaniker trugen damals noch ihre kardinalsroten Talare. Beim Essen saß Ulrich zwischen dem Rektor und einem alten Mann (P. Wilhelm Klein), auf dessen kahlem Kopf deutlich ein nur von Haut bedecktes Loch zu sehen war. Später erfuhr Ulrich, daß dieses Loch von einer schweren Verwundung im Ersten Weltkrieg stammte.[108] Ulrich fand diesen Pater merkwürdig und nahm sich vor, kein Gespräch mit ihm anzufangen.

Pater von Tattenbach machte Ulrich mit Josef Höfer[109], dem Botschaftsrat am Heiligen Stuhl, bekannt, damit dieser ihm eine Empfehlung für die neu zu gründende Pädagogische Hochschule Regensburg schreibe. Als der bayerische Kultusminister Theodor Maunz[110] das Germanicum besuchte, empfahl Tattenbach ebenfalls Ferdinand Ulrich als Professor für die neu zu gründenden Pädagogischen Hochschulen. Auf dringendes Anraten von Klein schrieb Tattenbach später zusätzlich noch einen Brief in dieser Angelegenheit an den Minister. Dieser Brief lag genau an dem Tag und zu der Stunde auf dem Schreibtisch von Maunz, als er die Entscheidung über die Vergabe des Lehrstuhls zu treffen hatte. Somit war er wohl entscheidend für die Anstellung Ulrichs in Regensburg. Alternativ dazu hatte Ulrich vorher die Anstellung als Bibliothekar verfolgt.

Auf dieser Romreise besuchte er P. Beda Thum OSB in Sant' Anselmo, der ihm einige Bücher empfahl, welche er für seine Habilitationsschrift lesen und dann unbedingt zitieren sollte. Ulrich gesteht später, diese Werke nur durchgeblättert zu haben.

108 Ulrich erzählte in einem anderen Zusammenhang, daß P. Klein nach der äußerst schweren Verwundung an Kopf und Rücken im ersten Weltkrieg, von den Sanitätern schon aufgegeben, immer wieder betete: «O Maria, immer hilf!», woraufhin er gewußt habe: «Alles wird gut. Alles ist gut.» Klein selbst war überzeugt, daß die Krankenschwester, die ihn gerettet habe, Edith Stein gewesen sei.

109 Josef Rudolf Höfer, *15.11.1896 in Weidenau (Siegen), †07.04.1976 im Kloster Grafschaft im Sauerland, kath. Priester und Theologe, Botschaftsrat 1954–1966.

110 1957 bis 1964 bayerischer Kultusminister.

Wilhelm Klein SJ

«Komm setz dich hin, auf dich warte ich schon lange!»

Am Ende seines Romaufenthaltes besuchte Ulrich auf Anraten von Tattenbachs doch noch den Spiritual P. Wilhelm Klein. Um zehn Uhr «habe ich geklopft. ‹Herein! Grüß dich Gott, mein Lieber, ist das schön! Komm setz dich hin, auf dich warte ich schon lange. Jetzt erzähl einmal, wie es dir so geht!› Es ist unsagbar, wie es sowas gibt. Und dann haben wir uns bis zwölf unterhalten und waren ein Herz und eine Seele.»

P. Klein lud Ulrich zu einem Spaziergang ein. Auf dem Weg fanden sie ein zerknülltes Papier. Klein strich es glatt und gab es Ulrich mit den Worten: «Heb das

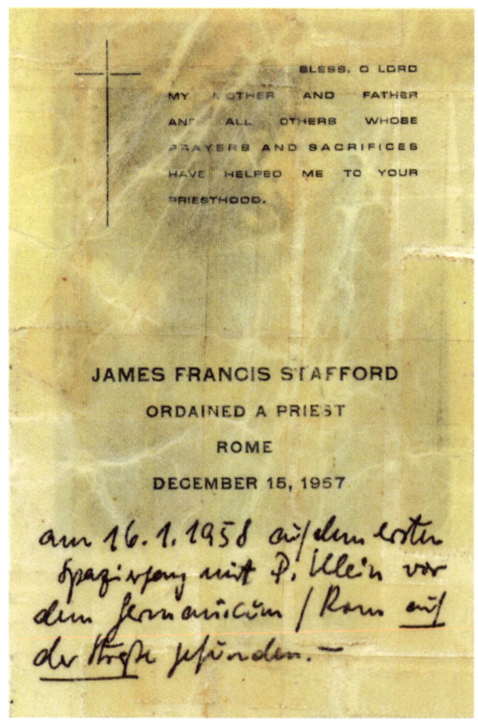

BLESS, O LORD
MY MOTHER AND FATHER
AND ALL OTHERS WHOSE
PRAYERS AND SACRIFICES
HAVE HELPED ME TO YOUR
PRIESTHOOD.

JAMES FRANCIS STAFFORD
ORDAINED A PRIEST
ROME
DECEMBER 15, 1957

am 16.1.1958 auf dem ersten Spaziergang mit P. Klein vor dem Germanicum / Rom auf der Straße gefunden.—

Primizbild James Francis Stafford

P. Klein in San Pastore

auf!» Es handelte sich um das Primizbild des Amerikaners James Francis Stafford.[111] Achtunddreißig Jahre lang betete Ulrich unbekannterweise für diesen Priester, bis er 1996 im *Osservatore Romano* las, daß Johannes Paul II. «den Erzbischof von Denver, James Francis Stafford, zum neuen Präsidenten das Päpstlichen Rates für die Laien ernannt» habe. Ulrich war ihm weiter treu im Gebet verbunden. Zwischen beiden kam es Jahre später zu einem Briefwechsel.[112]

P. Klein sagte Ulrich zum Schluß: «So, und jetzt fährst du wieder in Frieden zurück, und wenn du dann deine Arbeit hast, schickst du mir ein Manuskript.» Bis P. Wilhelm Klein 1996 mit 106 Jahren starb, verband beide Männer eine tiefe Freundschaft. P. Klein war mit und nach P. von Tattenbach für lange Zeit auch Ulrichs Beichtvater.[113]

Habilitationsschrift

«Jeden Tag habe ich einfach so zehn bis zwölf Stunden geschrieben.»

Nur einmal im Leben ist Ferdinand Ulrich in den letzten Waggon eines Zuges eingestiegen. Das war an jenem Tag 1954, an dem er im letzten Waggon seine zukünftige Frau Margot Weiger traf, eine Verwandte des Pfarrers Josef Weiger, eines guten Freundes von Guardini.

111 *26.07.1932, Kardinal seit 1998.

112 Am 29.11.2005 schrieb Kardinal Stafford an Ulrich: «For the past 48 years (in Jan. 2006), you have included me in your prayers, 38 of which you knew nothing about my life or ministry. [...] From my heart I wish to thank you for your great and generous gift. I cannot tell you how often my inner person has been unexpectedly strengthened with boldness and confidence in relating to the variety of persons whom I have served. Clearings have opened up with unusual regularity along some difficult pathways. To be overtaken by the consoling and strengthening presence of the Spirit of Christ in one's priestly and episcopal ministries is always reason for wonder. My unknown, decadeslong friendship with you gives me further motive to offer profound thanks for the mystery of the Father's plan hidden for ages to unite all in Christ Crucified whose image I chose for the card.»

113 P. Wilhelm Klein SJ, *24.03.1889 in Traben an der Mosel, †07.01.1996 in Münster in Westfalen. 1912 Priesterweihe, 1913 Eintritt in die Gesellschaft Jesu. Feldgeistlicher im Ersten Weltkrieg, schwer verwundet. 1919 Philosophiestudium, 1922 Dissertation in Freiburg i. Br. bei Josef Geyser (Koreferent Edmund Husserl), 1922–1929 Professor für Philosophie in Valkenburg, 1929 Rektor und Regens in Frankfurt St. Georgen. 1932–38 Provinzial in der Niederdeutschen Provinz, 1938–1942 Rektor in Valkenburg, dann als Seelsorger in Paderborn, 1945–1948 Spiritual in Hildesheim, 1948–1961 in Rom im Germanicum, 1961–1988 erst Superior, dann Seelsorger in Bonn, ab 1988 in Münster.

Im Jahr 1958 schrieb Ferdinand Ulrich in Winhöring im Elternhaus seiner Verlobten «in einem Zug» seine Habilitationsschrift, vorbereitet durch den Leidensweg der drei Doktorarbeiten bei Alois Dempf. Der Titel der Habilitationsschrift lautete *Versuch einer spekulativen Entfaltung des Menschenwesens in der Seinsteilhabe.* Die überarbeitete und gekürzte Fassung, die 1961 in Balthasars Johannes Verlag erschien, trug den Titel *Homo abyssus.*

Ulrich schrieb diese Arbeit unter einem an der Wand hängenden Bild der Muttergottes von Montserrat. Der hl. Ignatius von Loyola, zu dem Ulrich eine tiefe Beziehung hatte – er nannte ihn gern mit seinem eigentlichen Taufnamen Inigo – und dessen *Suscipe*[114] er liebte, hatte im März 1522 nach seiner Bekehrung vor dieser Marienstatue in der Basilika von Montserrat eine Nachtwache gehalten, um anschließend als armer Pilger seinen Weg fortzusetzen.[115]

Unter diesem Bild schrieb F. Ulrich seine Habilitationsarbeit

Nicht zufällig erwähnte Ulrich, sein grundlegendes Werk unter einem Marienbild verfaßt zu haben. In einer anderen Arbeit zitiert er Odo v. Canterbury: *...quicumque veram cupiunt invenire sapientiam, necesse est ut totum amorem et studium suum convertere debeant ad Mariam* (...wer wahre Weisheit zu finden begehrt, muß all seine Liebe und sein Bemühen zu Maria hin-

114 *Suscipe, Domine, universam meam libertatem. Accipe memoriam, intellectum atque voluntatem omnem. Quidquid habeo vel possideo, mihi largitus es: id tibi totum restituo, ac tuae prorsus voluntati trado gubernandum. Amorem tui solum, cum gratia tua mihi dones: et dives sum satis, nec aliud quidquam ultra posco.* – Nimm Dir, Herr, und übernimm meine ganze Freiheit, mein Gedächtnis, meinen Verstand und meinen ganzen Willen, mein ganzes Haben und Besitzen. Du hast es mir gegeben, zu Dir, Herr, wende ich es zurück; das Gesamte ist Dein; verfüge nach Deinem ganzen Willen, gib mir Deine Liebe und Gnade, das ist mir genug (dt. nach der Übersetzung von Hans Urs von Balthasar).

115 Ignatius, Der Bericht des Pilgers, übersetzt und erläutert von B. Schneider, Freiburg 1977, 54: «Er legte alle seine Kleider ab und schenkte sie diesem Bettler. Dann zog er sein so sehr ersehntes neues Gewand an und ging wieder hin, um sich vor dem Altar Unserer Lieben Frau auf die Knie zu werfen. Teils kniend, teils stehend verbrachte er die ganze Nacht dort mit seinem Pilgerstab in der Hand.»

wenden). Für Ulrich ist Maria «als die ‹sapientia creata› wirklich *die Philosophie der Christen* in geschaffener Person.»[116]

Ulrich saß drei Tage lang und suchte nach einem Anfang. Dann sah er im Zimmer eine Fliege, welche ihn an eine Aussage des hl. Thomas erinnerte. Der Damm war gebrochen, endlich der erste Satz geschrieben. Dieser erste Satz zitiert den Aquinaten: «Unsere Erkenntnis ist so hinfällig, daß kein Philosoph jemals die Natur einer einzigen Fliege hat vollkommen erforschen können» (*In symb. Apost.* 1). Und innerhalb von vier Wochen entstand die Habilitationsschrift. «Jeden Tag habe ich einfach so zehn bis zwölf Stunden geschrieben.» «Dann habe ich das dem Pater Klein geschickt und habe einen Brief von ihm bekommen, einen sehr schönen Brief und dann noch einen, daß er das jetzt dem Balthasar schicken wird.» Ulrich besaß nur sechs maschinengeschriebene Exemplare, von denen er fünf in Salzburg abgeben mußte und eines P. Klein schenkte.

Mitten in diese Zeit fällt ein sehr bedeutsames Ereignis im Leben Ferdinand Ulrichs. Am 21. August 1958 heiratete er seine Verlobte Margot Weiger.[117] Dem Ehepaar wurden drei Kinder geschenkt: zwei Mädchen und ein Junge. Bis wenige Monate vor seinem Tod im Februar 2020 wohnte Ferdinand Ulrich im gemeinsamen Haus in Regensburg.

PONTIFICIUM COLLEGIUM
GERMANICUM ET HUNGARICUM
Via S. Nicolò da Tolentino, 13 - Roma
Telef. 460.528 - 485.356

16.JULI 1958

Lieber Herr Dr. Ulrich!

Ihre Habilitationsschrift ist die reifste philosophische Arbeit, die mir in diesen Jahrzehnten bekannt geworden ist. Mit tiefem philosophischen Ernst gehn Sie die Frage des Menschen an, aus letzten Gründen. aus dem letzten Grund.
Dabei entfalten Sie nicht nur Ihre grosse philosophische Begabung. sondern auch meisterhaftes Geschick. in paedagogisch klugem Vorangehn den Leser langsam Schritt für Schritt einzuführen in das Verständnis.
Sie schaffen sich zum Teil eine eigene Sprache. und müssen es tun. Aber Sie machen sie verständlich.
Thomas von Aquin ist Ihnen vertrauter Lehrer und Führer. Aber Sie haben sich von ihm aus in die entscheidenden philosophischen Systeme der Neuzeit und Jetztzeit eingearbeitet.
Das ist eine vorbildliche Leistung, und läßt Grosses erwarten von Ihrer kommenden akademischen Tätigkeit. Ich beneide die Hochschule, die Sie ruft. die Schüler. die von Ihrer Hand in die schwerste aller Wissenschaften eingeführt werden.
Über einzelnes Ihrer Arbeit werden wir, so Gott will. noch Gelegenheiten bekommen, zu sprechen.
Inzwischen. lieber Doktor. was hilft Ihnen mein Urteil? Wäre es geschrieben von jemand. der alle Jahre ein Buch mit hoher Auflageziffer auf den Markt wirft. wären Sie ein "gemachter" Mann. So aber ….
Ihre Schüler werden Sie verstehn und Ihnen dankbar sein. Ihre Zunftgenossen aber? Wir leben im Zeitalter der Oberflächlichkeit. und manch einer mag sich trotz des vornehmen Tons Ihrer Polemik getroffen fühlen, und ablehnen.
Sie werden den Widerspruch der einen tragen müssen, wie die Zustimmung der anderen.

Das wünscht und ~~entbietet~~ Ihnen
mit herzlichem Gruß
Ihr
W. Klein S.J.

116 Ferdinand Ulrich *Gabe und Vergebung*, 790. Im zitierten *Sermo in Assumptione BMV* Odos von Canterbury finden wir auch den folgenden Satz: Per Mariam enim venitur ad Christum, tamquam per matrem ad filium, *per matrem misericordiae ad ipsam misericordiam*.

117 Seit «14.7.1958 ist Ferdinand Ulrich in München, Hogenberplatz 8 gemeldet, seit 17.12.1959 in Regensburg, Lessingstraße 5. Die Naglschmiedgasse 7 [in Mühldorf] ist als Nebenwohnsitz eingetragen.» (E-Mail vom Mühldorfer Stadtarchivar Edwin Hamberger, 11.11.2021). Die Ulrichs bezogen danach in Regensburg ein eigenes Reihenhaus nahe der Augsburger Straße.

Hans Urs von Balthasar

«Keine Worte. Wir haben uns einfach nur angeschaut.»

In seinem Buch *Unser Auftrag* schreibt Hans Urs von Balthasar im Jahr 1984: «Beeindruckt von Przywaras dialektischer Deutung von Thomas' Realdistinktion, konnte ich den Zugang zu meinem späteren Freund Gustav Siewerth (der freilich bitter gegen Przywara polemisiert hat) und noch später zu Ferdinand Ulrich finden, deren Sicht ich bis zum Schlußteil von ‹Herrlichkeit› III/1, ja bis zur ‹Theodramatik› so vieles verdanke. Beide, vor allem der letzte, haben mir den Blick in eine Totalität der Geistesgeschichte des Abendlandes und die christlich-theologischen Voraussetzungen für die neuere Philosophiegeschichte eröffnet.»[118]

Wie hatten Ulrich und Balthasar einander kennengelernt? Zunächst kam es ab Ende 1958 zum Briefwechsel. Ulrich wollte das Manuskript seiner Habilitation nicht ohne Überarbeitung veröffentlichen. Balthasar riet zu gewissen Kürzungen, vor allem bezüglich verschiedener Zitate. Hierzu berichtet Manfred Lochbrunner, indem er zunächst aus einem wichtigen Brief Balthasars an Ulrich zitiert:

«‹Sehr geehrter Herr Doktor, Sie hatten die Freundlichkeit, mir auf meinen ersten Brief beinahe umgehend zu antworten, und zwar in einer Tiefe und Offenheit, die mich erschüttert hat. Ich weiß nicht, wie mich entschuldigen, dass es nun Mai geworden ist, bis ich zum Antworten kam, schuld daran ist eine lästige Krankheit, die mich physisch am Schreiben hindert und immer noch nicht vorbei ist, und so blieb halt ein solcher Haufen Briefe liegen, dass mir jeder Mut schwand, ihnen beizukommen. … Ihr Brief war so reich in der Themenfülle, die er entfaltete, dass man gar nicht weiss, wo einsetzen und am liebsten (wie Sie selber es von sich sagen) schweigen möchte, um dem, was Sie tragen und austragen, störungslose Stille zum Reifen zu lassen. Es ist eine große Beruhigung zu wissen, dass es das <u>gibt</u>, dass es am Kommen ist, und dass die eigenen Anliegen, mit denen man nicht mehr fertig wird, weitgehend hier geborgen sind. Von allen Seiten umkreisen Sie die für den Kairos entscheidenden Fragen und spiegeln sie

118 Hans Urs von Balthasar, *Unser Auftrag*, Freiburg 2004, 39f. Vgl. dazu P. Jacques Servais SJ, «*Balthasar: Proponent and Beneficiary of the Thought of Ferdinand Ulrich*», in: Communio (ed. am.) 49/1 (2022) 182-217.

ineinander. … Jedenfalls möchte ich mich mit meinem kleinen verlegerischen Unternehmen Ihnen ganz offen halten. Ich werde in den nächsten Tagen nach Rom kommen und dort mit P. Klein sprechen, er wird mir sicher Einblick in ihre Habilitationsschrift gewähren, die Sie unter Umständen zu überlassen bereit sind und noch umzuarbeiten gedenken. Ich berichte dann vom Ergebnis.›

Weitere Details zur Buchwerdung erfahren wir auf 2 Briefkarten, die Balthasar am Allerheiligenfest 1960 an Ulrich geschrieben hat.

‹Verehrter lieber Herr Doktor, endlich habe ich Ihr Werk – auf Umwegen[119] – in die Hand bekommen. Ich bin schlechthin überwältigt, und es gibt hier nur ein langes Hören und Schweigen, Mitvollziehen und – Danken. Ich glaube aber, dass es unverantwortlich ist, dieses Werk – als erstes großes von Ihnen – nicht sogleich zu publizieren. Sie geben so viel auf damit, dass Menschen für Jahre beschäftigt sind, und die Lücken, die Sie sehen, niemals bemerken können, ehe Sie sie nicht selber – das Gesagte ergänzend – in neuen Werken ergänzend aufzeigen. … Kurz: lassen Sie mir dieses Buch, so wie es ist. Lieber würde ichs Herbst 61 (September) veröffentlichen als Ostern, weil die Osterbücher immer weniger beachtet sind als die Herbstbücher. Aber ich würde es riskieren und Ihnen 100 Stück gratis zur Verfügung stellen, zum Verteilen an die rechten Leute. ›…

In dem Brief vom 27. April 1961 wird der Titel des Werkes beraten. ‹Lieber Herr Ulrich… Nun zur Hauptsache dieses Briefes: zum Titel. ‚Ontologie und Geist' ist nicht gut. Geist ist Pneuma, Ontologie aber riecht nach Schule. Die Worte stören einander und klingen nicht. ‚Geist und Sein' … hat Müller schon belegt, wenns auch schon lange her ist. Auch stehen so zwei Worte in einem solchen Titel ja nur als Zeichen da, nicht mit ihrer vollen Präsenz, und gerade das Zeichenhafte daran ist nicht wenig verblasst. Mein Blick blieb haften an ‚Homo abyssus', das ist ein guter Ausgangspunkt, verlegerisch. ›»[120]

119 Ein Beichtkind und Freund von P. Klein war P. Robert Leiber SJ (*10.04.1887, †18.02.1967, Kirchenhistoriker, 1924–1958 Sekretär Pacellis), der nach Aussage Ulrichs auch Beichtvater von Pius XII. war. Über ihn kam das Manuskript seiner Habilitationsschrift zu Hans Urs von Balthasar.

120 Prof. Dr. Dr. habil. Manfred Lochbrunner, 26./27. Juni 2020, Protokoll des Zeitzeugengesprächs mit Prof. Ferdinand Ulrich, Kloster der Franziskanerinnen, Armstorf, Dorfenerstr. 12, 84427 St. Wolfgang, Mittwoch, 5.8.1998, 11.00-16.00 Uhr.

Etwa 1961[121] besuchte Ulrich zum ersten Mal Hans Urs von Balthasar in Basel. Damals wohnte Balthasar noch am Münsterplatz im Haus, in dem Prof. Werner Kaegi, Ordinarius für Geschichte, mit seiner Gattin Adrienne von Speyr[122] lebte. Ulrich läutete. Es «öffnete ein sehr schönes Mädchen mit einem weißen Häubchen, einem schwarzen Kleid und einer schönen, weißen Schürze und fragte mich, ich glaube italienisch, wer ich bin und ob ich angemeldet bin. Dann hab ich deutsch geantwortet, das konnte sie nicht so gut. Auf einmal hörte ich ein zweites, hübsches Mädchen, schwarz, schöne, weiße Schürze, weißes Häubchen. Und die hat gesagt, der Herr Doktor ist oben. Und dann bin ich da eine Treppe hinaufgegangen und habe geklopft. ‹Herein!› Ein riesiges Zimmer, in der Mitte ein riesiger Schreibtisch und an dem riesigen Schreibtisch ein riesiger Mann. Da saß er: Hans Urs von Balthasar. Dann bin ich zu dem Schreibtisch hin. ‹Kommen Sie nur, setzen Sie sich!› Und dann saß hier der Balthasar und hier der Ferdinand Ulrich. Und dann saßen diese zwei armen Würmer nebeneinander und schauten sich an. Einfach, ohne ein Wort zu sagen, schauten sich die zwei armen Menschenwürmer an. Er mich und ich ihn. Ganz lang, fünf Minuten, das ist eine Ewigkeit (in Anführungszeichen) in so einer Situation. Und der erste, der was gesagt hat, war er: ‹Wissen Sie, ich kann ja eigentlich überhaupt nicht reden, und alles, was ich geschrieben habe, sind ja nur verhinderte Gespräche. Das ist sehr schwer für mich, zu reden, mit einem anderen Menschen in ein Gespräch zu kommen. Ich glaube, für uns beide ist es besser, wenn wir jetzt ein bißchen auf die Straße spazierengehen … So geht das nicht, wenn wir da jetzt so sitzen.› Da habe ich gesagt: ‹Also ich glaub auch, so geht das nicht.› Das war mein erstes Wort. Und dann sind wir da auf die Straße hinausgegangen. Und nachdem wir den Spaziergang gemacht haben, sind wir, ich weiß nicht wohin, zum Essen gegangen und dann zurück. Und dann ist das nachher ein bißchen besser gegangen. Das war mein Besuch bei Balthasar.» Zur Frage, ob sie sich gut verstanden hätten, erinnerte sich Ferdinand Ulrich: «Ja, irgendwie. Wir haben uns so gut verstanden, daß wir gar nichts [gesagt haben]. Keine Worte. Wir haben uns einfach nur angeschaut.»

Lochbrunner vermerkt: «Aus dieser Begegnung ist eine Freundschaft erwachsen… [Sie] währte bis zum Tod B.s am 26. Juni 1988. Das Wesentliche geschieht im

121 In unserem Gespräch war Ulrich sich unsicher, wann die Begegnung stattgefunden hatte, und nannte 1960 oder 1961. Nach Lochbrunner fand sie im Frühjahr 1962 statt.

122 Adrienne von Speyr, *20.09.1902, †17.09.1967, Schweizer Konvertitin, Ärztin, Mystikerin, theologische Schriftstellerin. Ihre über sechzig Bücher erschienen im Johannes Verlag Einsiedeln. Zur Einführung in Leben und Werk: Hans Urs von Balthasar, *Erster Blick auf Adrienne von Speyr,* Freiburg [4]1989. Ulrich schätzte bei Adrienne von Speyr, der er weder bei dieser Gelegenheit noch später persönlich begegnet ist, besonders ihr Buch *Die Beichte* (Johannes Verlag, erste Auflage 1960), welches er in seinem letzten Werk *Virginitas foecunda* erwähnt (in der Ausgabe des Johannes Verlags von 2021 auf S. 15).

Schweigen. Es wird in Büchern nie zur Sprache kommen. Der größte Teil ist Sehnsucht, Verlangen, Schrei, ein ‹Seufzen im Hl. Geist›. Wissen um das Kreuz, das jeder trägt.»[123]

So erschienen Ulrichs Bücher fast ausnahmslos in Balthasars Johannes Verlag. Durch von Balthasar lernte Ulrich auch P. Henri de Lubac SJ[124] kennen, den er sehr schätzte. Zum gemeinsamen Freundeskreis gehörte später u.a. auch P. Joseph Fessio SJ.[125]

«Der weiseste Mensch, dem ich begegnet bin, war P. Wilhelm Klein, der genialste Mensch, dem ich begegnet bin, war Hans Urs von Balthasar.»[126]

*

Mit der Hochzeit 1958 und dem Beginn seiner Lehrtätigkeit enden die Jugendjahre Ferdinand Ulrichs, es beginnt für ihn ein neuer Lebensabschnitt. Sein vielfältiges und fruchtbares Wirken in den nachfolgenden Jahrzehnten, sein weites philosophisches Werk und vor allem sein Pilgerweg als Christ lassen sich besser verstehen, wenn wir bedenken, auf welchen Wegen er schon in seiner Kindheit und Jugend geführt, wie er durch Leid geläutert und mit Gnaden beschenkt worden war. Dazu soll dieses Buch einen Beitrag leisten.

123 Lochbrunner, Protokoll des Zeitzeugengesprächs. Vgl. dazu: «Durch das ganze Wort der Schrift bebt die Ungeduld einer baldigen bessern Begegnung; es bleibt etwas Vorläufiges, Stellvertretendes, das vom unmittelbaren mündlichen, geistigen, gesamtmenschlichen, gottmenschlichen Austausch, durch das Einander-gegenwärtig-Sein überbordet werden wird. Dann ist auch die Vielheit der Worte überflüssig geworden und durch das eine Wort, das vielleicht ungesprochen bleibt, aber alles sagt, überholt» (Hans Urs von Balthasar, *Thessalonicher- und Pastoralbriefe des heiligen Paulus. Für das betrachtende Gebet erschlossen,* Freiburg 1992, 112).

124 Henri-Marie Joseph Sonier de Lubac SJ, *20.02.1896 in Cambrai, †04.09.1991 in Paris, bedeutender Theologe, ab 1983 Kardinal. Vgl. Hans Urs von Balthasar, *Henri de Lubac. Sein organisches Lebenswerk,* Einsiedeln 1976.

125 Joseph Fessio SJ, *10.01.1941, Gründer des amerikanischen Verlags Ignatius Press, Verleger der englischsprachigen Übersetzungen der Werke von Balthasars und von Speyrs.

126 Ferdinand Ulrich erzählte, daß Wilhelm Klein noch in sehr hohem Alter von verschiedenen bekannten Theologen besucht wurde. Manchmal habe er das ihm Gesagte wie [weiches] Wachs aufgenommen und es anschließend dem nächsten Besucher wiedergegeben, als wären es seine eigenen Gedanken. Man habe an seinen Worten erkennen können, wenn ihn vorher etwa gerade Hans Küng besucht hatte. Dies muß bei der Beurteilung verschiedener nicht unproblematischer, von anderen veröffentlichter Äußerungen des hochaltrigen Wilhelm Klein mitbedacht werden. Ulrich war über die Veröffentlichung des Bandes *Wilhelm Klein in Rom, Bonn und Münster. Vorträge. Aufzeichnungen,* Hildesheim 2001, sehr unglücklich.

Weitere Lebensstationen

«Kleiner Pilgerbruder von Jesus»

Nach seiner Habilitation suchte Ulrich dringend nach einer Anstellung. P. von Tattenbach schrieb ihm ein Empfehlungsschreiben: «Herrn Dr. Ferdinand Ulrich kenne ich seit nunmehr etwa 8 Jahren. Ich glaube deshalb, mir über seine Persönlichkeit ein Urteil zutrauen zu können. Dr. Ulrich ist ein eigentlicher Idealist. Er hat in langen Jahren des sich Durchkämpfens bewiesen, dass er für das, was er für richtig hält, jedes Opfer zu bringen bereit ist. Was bei ihm auf den ersten Blick jugendlich-idealistischer Überschwang zu sein scheint, ist ihm innerste Überzeugung. Dabei hat sich Herr Ulrich in den letzten Jahren zu einer Reife und inneren Ausgeglichenheit und Selbstbeherrschung durchgerungen, die weit über das gewöhnliche Mass hinausgeht. Über die wissenschaftliche Leistung Herrn Dr. Ulrichs steht mir kein Urteil zu. Ich kann aber versichern, dass ich kaum je jemanden begegnet habe, [sic] der eine ähnlich starke philosophische Begabung aufweist. Ich glaube, dass die Vielzahl der selbständigen, leider unveröffentlichten Arbeiten für sich selbst genügend spricht. Seine pädagogischen Fähigkeiten hat Dr. Ulrich bereits in verschiedenen Stellungen unter Beweis gestellt. Ich bin fest überzeugt, dass von ihm ein sehr bedeutender Einfluss ausgehen wird. Denn er verbindet in seltener Weise absolut selbständiges Denken mit der Fähigkeit und Bereitschaft, auf andere, auch auf Schüler und Anfänger mit allem Verständnis und mit grösster Geduld einzugehen. Die Hochschule, die ihn als Lehrer gewinnt, ist nur zu beglückwünschen. Ich wünsche Herrn Dr. Ulrich von Herzen, dass er nicht nur bald eine gesicherte Lebensstellung gewinnen möge, sondern auch einen Wirkungskreis findet, der seinen ganz ausserordentlichen Fähigkeiten entspricht und der ihm erlaubt, seine Begabung voll zu entfalten.

P. Tattenbach SJ
Rektor» [127]

127 16.7.1958, Schreibmaschine, Original im Ferdinand Ulrich-Archiv in Passau.

Im Wintersemester 1958/59 begann Ulrichs Lehrtätigkeit in Regensburg als Wissenschaftlicher Assistent an der neu gegründeten Pädagogischen Hochschule Regensburg der Universität München, beauftragt mit dem selbständigen Abhalten von Vorlesungen und Seminaren in Philosophie. Ab 1967 ordentlicher Professor in Regensburg, unterrichtete er gleichzeitig von 1964 bis 1991 am Berchmanskolleg der Jesuiten in Pullach (später Hochschule für Philosophie München in der Münchner Kaulbachstraße). 1972/73 wurde die Pädagogische Hochschule Regensburg in die neue Universität der Stadt integriert. Am Philosophischen Institut dieser Universität lehrte Ulrich bis zu seiner Emeritierung 1996 als ordentlicher Professor.

Roter Pfeil neben dem helllen Turm rechts zeigt auf das Arbeitszimmer.

Im Jahr 2005 kennzeichnet Ulrich auf einer Abbildung in einer Zeitung sein vormaliges Regensburger Arbeitszimmer in der Salzburger Gasse (Pädagogische Hochschule), wo er die Druckbögen für *Homo abyssus* gelesen und korrigiert hatte.

Ab 1963 war er zudem Professor extraordinarius am Philosophischen Institut der Theologischen Fakultät der Universität Salzburg. Eine Berufung an die Universität Wien 1973 lehnte er ab.

Als philosophischer Lehrer hatte Ulrich eine große und begeisterte Zuhörerschaft. Sind seine Bücher nicht leicht zu verstehen, so gelang es ihm durch seine große pädagogische Gabe, seinen Studenten auch schwierige Inhalte zugänglich zu machen. Er setzte sich mit der Philosophie seiner Zeit und mit bekannten zeitgenössischen

Philosophen intensiv auseinander und besuchte philosophische Tagungen in Paris, Padua, Essen, Rom und vor allem in Bozen und Gallarate. Der Radius seines Wirkens wuchs durch geistliche Freundschaften und durch akademische und geistliche Begleitung vieler junger Menschen.

Nach *Homo abyssus* (1961) veröffentlichte er weitere Bücher im Johannes Verlag: *Atheismus und Menschwerdung* (1966), *Der Mensch als Anfang* (1970), *Gebet als geschöpflicher Grundakt* (1973), *Gegenwart der Freiheit* (1974). In verschiedenen, auch ausländischen, Zeitschriften erschienen zahlreiche Artikel.

Etwa ab 1983/84 erlebte Ferdinand Ulrich durch schmerzliche Lebensumstände eine existentielle Krise, die eine neue Lebensphase für ihn einleitete. Nicht bloß gesundheitliche Schwierigkeiten machten seinen Weg in den folgenden Jahrzehnten oft zu einem Kreuzweg. In einem Curriculum Vitae notiert er: «Ab 1983/84 Kl. PB v. J.» Die Abkürzung steht für «Kleiner Pilgerbruder von Jesus». In diesem Sinn verstand er sein Leben.[128] Von der akademischen und kirchlichen Welt nun wenig bis kaum beachtet, entfaltete er eine verborgene Fruchtbarkeit, von der viele zeugen können, die er durch lange Gespräche und Telefonate und zahlreiche Karten und Briefe von seinem bescheidenen Zimmer in Regensburg aus oder bei Einkehrtagen auf ihrem Weg mit Gott und durch ihre Lebenskrisen begleitete. Ulrich publizierte nun nicht mehr. Er müsse leben, was er geschrieben habe, so sagte er Freunden.

Erst nachdem 1998 eine Neuauflage des *Homo abyssus* notwendig wurde, konnte Ferdinand Ulrich in der Folge dazu bewegt werden, weitere Werke für die Herausgabe im Johannes Verlag Einsiedeln vorzubereiten. Im Jahr 1999 war es *Leben in der Einheit von Leben und Tod*, eine um drei Texte erweiterte Neuausgabe des 1973 im Knecht Verlag erschienenen Buches, das «von grundlegender Bedeutung für das Verständnis der Philosophie Ulrichs»[129] ist. Drei Jahre später, im Jahr 2002, folgte *Erzählter Sinn*, eine Interpretation von drei Märchen, deren Thema Gewinn oder Verlust menschlicher Freiheit ist. Bereits 2003 folgte *Logo-tokos. Der Mensch und das Wort*, die Entfaltung einer «nach-metaphysischen» Metaphysik des Sprechens und der Sprache. Der umfangreiche Band *Gabe und Vergebung* aus dem Jahr 2006 stellt im Sinn einer «biblischen Ontologie» eine Auslegung des Gleichnisses vom Barmherzigen Vater und seinen beiden Söhnen aus dem Lukasevangelium dar. Ab Herbst

128 Ignatius von Loyola verwandte diese Selbstbezeichnung in seinem *Bericht des Pilgers*; bereits Augustinus sprach in den *Confessiones* von seiner Pilgerschaft. Ferdinand Ulrich liebte den hl. Benedict Joseph Labre, der ein heimatloses Pilgerleben führte, bevor er 1783 in Rom starb. In seinem Regensburger Zimmer stand bis zum Schluß ein postkartengroßes Bild dieses Heiligen.

129 Martin Bieler und Stefan Oster in der Einleitung zu Ferdinand Ulrich, *Leben in der Einheit von Leben und Tod*, Freiburg 1999, XXII.

2018 wurde Ulrichs letzter Text, ausgehend von einer Krippenmeditation, unter dem Titel *Virginitas foecunda* als Privatdruck ohne Angabe des Autors an Freunde verschickt und erschien dann 2021 auch im Johannes Verlag Einsiedeln.

Ferdinand Ulrich im Januar 2014.

Ein grosser Beter

«Mein Lieblingsgebet ist das Gebet, in dem ich beten darf aus dem und durch den und in dem, der mich liebt.»

Ferdinand Ulrich war ein großer Beter. Den Dienst des Gebetes vollzog er tagtäglich und in ungeheurer Treue, und zwar gerade auch dann, wenn er sich in einem schmerzlichen inneren Zustand befand, der ihn die gebeteten Worte als inhaltslos und leer empfinden ließ. Seit Mitte der 80er Jahre betete er das *Kleine Stundenbuch* (Laudes, Vesper, Komplet) und vermutlich täglich den Rosenkranz[130]. Bisweilen sagte er am Ende eines Telefongespräches: «Ich muß jetzt weiterbeten.»

Für Ulrich war das Gebet ein «geschöpflicher Grundakt». Philosophisch hatte er das in dem kleinen Buch ausformuliert,[131] welches Hans Urs von Balthasar mit folgenden Worten charakterisierte:

«Wir haben heute viele Bücher über die Praxis des Gebetes, sowohl des mündlichen wie insbesondere des meditativen. Was uns fehlt, ist eine tiefere, philosophische Begründung. Der großen Überlieferung deutscher Philosophie ist seit Kant das Gebet fremd. Man kann sich geradezu fragen, ob Ferdinand Ulrich auf diesen kurzen, dichten Seiten nicht etwas unternommen hat, worauf Jahrhunderte gewartet worden ist, und ob er es nicht in einer so profunden, zugleich für alle Verbildungen hellhörig-kritischen und für den echten Grundakt unmittelbar offenen Weise getan hat, dass diesen Überlegungen nur noch wenig beizufügen sein wird. Die kleine ‹Summa›, die er hier vorlegt, enthält in ihrer Kürze so Gültiges, daß sie sich in mehrmaliger meditativer Lektüre nicht erschöpft, sondern erst recht erschließt.»[132]

Ferdinand Ulrich verehrte und liebte Maria als den personalen Ort der Gegenwart Gottes in seiner Schöpfung. Im Blick auf die Kirche sagte er einmal: Sie «ist eine kleine Herde, aber die Mutter ist da, unsere Hoffnung, der Sieg (der Liebe) in einer

130 Das Rosenkranzgebet hatte er als Kind in der Kapelle St. Rochus und St. Sebastian in Fulnek erlernt.

131 *Gebet als geschöpflicher Grundakt*, Johannes Verlag, Einsiedeln 1973.

132 Ibid., Klappentext.

endlichen Person in der Welt. Aus diesem (ihrem) Schoß erweckt der Heilige Geist die Brüder und Schwestern des fleischgewordenen Wortes. Wir dürfen nicht vergessen: Die Immaculata ist da, sie, in der Gott von Ewigkeit zu Ewigkeit – wie im Anfang so auch jetzt und alle Zeit, ohne Bruch – herrscht, in diesem geschaffenen Geschöpf. Sie *ist* Seine geschaffene Verherrlichung, die gloria Dei creata. Deswegen können wir [im Lobgesang der drei Jünglinge] sechsmal sprechen: ‹Gepriesen *bist* Du›, bevor es heißt: ‹*Preist* den Herrn!›. In dieser gloria creata finden wir unsere Heimat.»[133]

In Ulrichs Büchern gibt es immer wieder Hinweise auf das Mariengeheimnis.[134] So fragt er etwa in seinem Büchlein über das Gebet: «Gibt es diesen Quell des absoluten Vorweg hinsichtlich der endlichen Initiative meiner und unserer Freiheit, aber so, daß das Empfangen dieses Vorweg die endliche Freiheit gerade zum Quellgrund dieses Vorweg macht, zum endlichen Geburtsschoß dessen, der endliche Freiheit absolut trägt, birgt und umfängt? Dann wäre die Gestalt der Gottes-Gebärerin mitten in der entfremdeten Welt und Geschichte als schöpferischer Schoß des Schöpfers: die Form des Gebets als kreatürlicher Grundakt schlechthin.»[135]

Der Pilger Ferdinand Ulrich hat in seinem Leben Maria erfahren als «das Haus unserer Pilgerschaft».[136] Nicht nur sein Beten, sondern damit verbunden auch sein Denken und Leben in der Marienwahrheit faßte er mit einer der Virgo-Mater selbst zugedachten Widmung wunderbar zusammen, die er einmal in ein Exemplar seines Werkes LOGO-TOKOS schrieb:

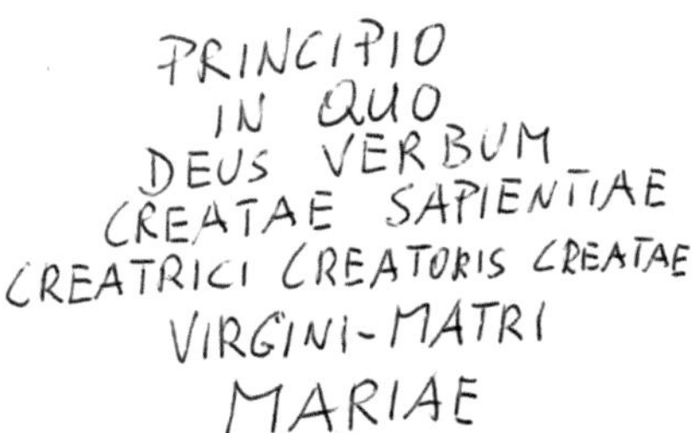

(Dem Anfang, in dem Gott das Wort (ist), der geschaffenen Weisheit, der geschaffenen Schöpferin des Schöpfers, der Jungfrau-Mutter Maria.)

133 In einem Telefonat mit mir am 23.4.2001.

134 Besonders sei hier verwiesen auf das Kapitel «Verborgene Gegenwart der Mutter» in Ferdinand Ulrich, *Gabe und Vergebung,* 749-790.

135 Ferdinand Ulrich, *Gebet als geschöpflicher Grundakt,* 45.

136 Ferdinand Ulrich, *Gabe und Vergebung,* S. 773. Vgl. dazu die Ulrich so lieben Worte aus den Bekenntnissen des hl. Augustinus: «O du schönes und schimmerndes Haus, ‹ich habe deine Pracht geliebt und die Wohnstatt der Herrlichkeit› meines Herrn, der dich erbaut und bewohnt. Zu dir hin seufzt meine Pilgerschaft; zu dem, der dich schuf, flehe ich, Er möge mich in dir besitzen, mich, den er gleichfalls schuf» (Aurelius Augustinus, Die Bekenntnisse, Freiburg ^{8}2021, S. 330).

Seit August 2003 besaß Ferdinand Ulrich ein Heft mit dem Gebet der Komplet in lateinischer Sprache. Die Oration der Freitagskomplet in ihrer lateinischen Version ist ihm besonders wichtig geworden. Sie zitiert er in *Virginitas foecunda* (auf S. 20) und erwähnt sie auch in einer Fußnote seines Werkes *Gabe und Vergebung:*

«‹Concede nos, omnipotens Deus, ita *sepulto Unigenito tuo*› (dem begrabenen Gott) ‹fideliter inhaerere, ut cum ipso› (dem auferstandenen Toten) ‹in novitate vitae resurgere mereamur› (Liturg. hor. ad Complet. Feria sexta, oratio). – Das ist das Geheimnis der Leere, die sich in der Kraft des aus Liebe Toten losgelassen hat, nicht auf sich selbst starrt, an sich selbst nicht festhält, sondern sich der Liebe anbietet, der sie immer schon, aufgrund ihrer Barmherzigkeit (die aus dem Nichts – aus dem Sünden-Nichts – Leben schafft) gehört hat. ‹No he podido ofrecer a Jesús…más que *mi nada,* pero como esta es ya, por su misericordia infinita, toda suya› (ich bin also nicht ‹*mein* Nichts›, ‹*meine* Leere›, sondern *Sein* Nichts, *Seine* Leere; ich gehöre in *Seine* Liebes-Armut), ‹Él, no lo dudo, ha de transformarla en *algo*› (Er wird es in *Etwas* verwandeln: ‹salvatur quodam-modo *ratio misericordiae,* inquantum res *de non esse in esse* mutatur›, Thomas v. Aquin, S. Th. I, 21, 4 ad 4) ‹donde brille por esto mismo› (eben dadurch) ‹más y más esa misericordia›, S. Maravillas de Jesús, (1891–1974), Brief an P. Torres, 1924; zit. in: Jose Maria Iraburu, Maravillas de Jesús, Fondación Gratis date, Pamplona, 87.»[137]

Mit Ferdinand Ulrich zu beten schenkte einem oft die Erfahrung, die gebeteten Worte – etwa eines Psalms – ganz neu zu hören. Gefragt nach seinen «Lieblingsgebeten», antwortete er: «Mein Lieblingsgebet ist das Gebet, in dem ich beten darf aus dem und durch den und in dem, der mich liebt. Das Gebet, das ich als Liebling, als Geliebter, als Kind Gottes im fleischgewordenen Wort Gottes, im Sohn und durch Ihn, mit Ihm zusammen im Heiligen Geist zum Vater beten darf. Das ist mein Lieblingsgebet. Ob das so aussieht [oder so], ob ich das in den Worten sage oder in jenen, spielt überhaupt keine Rolle. Ich habe kein Lieblingsgebet. Aber ich habe einige Gebete, die ich sehr liebe. Alle diese anderen Gebete, das *Vater Unser* und das *Gegrüßet seist du Maria* und auch die Hl. Schrift als Gebetstext, das gehört alles in das, was ich jetzt gesagt habe, hinein. Aber ich liebe das *Suscipe* des Hl. Ignatius sehr, das Hingabegebet der kleinen Therese. Sehr, sehr! [Das] *O, du mein Herr und mein Gott, nimm mich mir und gib mich ganz zu eigen dir* vom Bruder Klaus. Und vom Charles de Foucauld [das] *Mein Vater, ich überlasse mich dir.* Und das von der Elisabeth von

137 Ferdinand Ulrich, *Gabe und Vergebung,* 569, Anmerkung 314.

Dijon, das ich nicht auswendig kann, aber lese.[138] Ja! Und das vom Pfarrer von Ars: *Herr, gib mir die Gnade, daß ich aus Liebe sterben darf.* Diese Gebete liebe ich wirklich sehr. Aber mein liebstes Gebet ist das, wo ich als der im Sohn Geliebte mit dem Sohn durch Ihn im Heiligen Geist zum Vater beten kann. Das! In welcher buchstäblichen Gestalt sich das auch ausformuliert und ausspricht oder in welchen Zeichen sich das da irgendwie auch nach außen zeigt, das ist eigentlich nicht wichtig. Einmal so und einmal so, aber die Mitte, der Kern ist das.»

Diesen Kern entdeckte er auch in einem ihm teuren Gebet des hl. Franz Xaver:

«O Gott, ich liebe Dich; ich liebe Dich nicht, damit Du mich rettest, oder weil Du diejenigen, die Dich nicht lieben, mit dem ewigen Feuer strafst. Du, Du mein Jesus, Du hast mich ganz auf dem Kreuz umarmt; Du hast Nägel, Lanze und viel Schmach, unzählbare Schmerzen getragen, Schweiß und Ängste und Tod; und das meinetwegen und für mich, Sünder. Warum würde ich Dich denn nicht lieben, o liebenswürdigster Jesus? Weder damit Du mich im Himmel rettest, oder mich nicht für immer verdammst, noch in der Hoffnung auf irgendeine Belohnung; sondern wie Du mich geliebt hast, so liebe ich Dich und werde Dich so lieben, nur deshalb, weil Du mein König bist und nur deshalb, weil Du Gott bist. Amen.»

138 «O mein Gott, Dreifaltiger, den ich anbete, hilf mir, mich ganz zu vergessen, um in Dir begründet zu sein, unbewegt und friedvoll, als weilte meine Seele schon in der Ewigkeit. Nichts vermöge meinen Frieden zu stören, mich herauszuverlocken aus Dir, o mein Wandelloser, jeder Augenblick trage mich tiefer hinein in Deines Geheimnisses Grund! Stille meine Seele, bilde Deinen Himmel aus ihr, Deine geliebte Bleibe und den Ort Deiner Ruhe. Nie will ich dort Dich allein lassen, sondern als ganze anwesend sein, ganz wach im Glauben, ganz Anbetung, ganz Hingabe an Dein erschaffendes Wirken.
O Christus, Geliebter, aus Liebe Gekreuzigter, gern wäre ich eine Braut für Dein Herz, wollte mit Verherrlichung Dich überhäufen, Dich so lieben, daß ich daran stürbe. Doch ich fühle mein Unvermögen, und so bitte ich Dich: bekleide mich mit Dir selber, eine meine Seele allen Regungen der Deinen, überflute mich, erobere mich, setze Dich an meine Stelle, daß mein Leben nur noch ein Strahlen des Deinen sei. Komme in mich als Anbeter, Erneuerer und Erlöser. O ewiges Wort, Sprache meines Gottes, ich will mein Leben lang auf Dich lauschen, mich in allem belehrbar machen, um alles von Dir zu erfahren, und durch alle Nacht, alle Leere, alle Ohnmacht hindurch immer unbeweglich auf Dich schauen und unter Deinem großen Lichte verharren; o mein geliebtes Gestirn, schlage mich in Deinen Bann, damit ich nie mehr aus Deinem Strahlenkreis heraustreten kann.
O allverzehrendes Feuer, Geist der Liebe, falle auf mich herab, damit sich in meiner Seele wie eine Menschwerdung des Wortes vollziehe, ich ihm eine zusätzliche Menschennatur sei, in der es sein ganzes Geheimnis erneuern kann. Und Du, Vater, neige Dich her zu Deinem armen kleinen Geschöpf, decke es mit Deinem Schatten, erblicke in ihm nur den Vielgeliebten, in den Du Dein ganzes Wohlgefallen gesetzt hast.
O meine Drei, mein All, meine Wonne, unendliche Einsamkeit, Unermeßlichkeit, in der ich mich verliere: als Beute bin ich Euch preisgegeben, begrabt Euch in mir, auf daß ich mich begrabe in Euch, bis ich endlich in Eurem Lichte schauen darf die Abgründigkeit Eurer Größe» («Das Gebet zur heiligen Dreifaltigkeit (1904)», in: Hans Urs von Balthasar, *Schwestern im Geist,* Freiburg [4]1990, 469).

"O Deus, ego amo te,
nec amo te ut salves me
aut, quia non amantes te
aeterno punis igne....
TU, tu mi Jesu, totum me am-
plexus es in cruce: Tulisti clavos,
lanceam, multamque ignominiam,
innumeros dolores, sudores et
angores, ac mortem:
et haec propter me
ac pro me peccatore.
Cur igitur non amem te,
O Jesu amantissime?
Non ut in coelo salves me
aut ne aeternum damnes me
nec praemii ullius spe,
sed sicut tu amasti me
sic amo et amabo te:
solum quia rex meus es
et solum quia Deus es" Amen.
Franciscus Xaverius S.J.

EPILOG

„Alles ist Gnade"
Therese von Lisieux

Am 2. Oktober 2019 stürzte Ferdinand Ulrich nachts in seinem Zimmer. Nach einem Aufenthalt im Krankenhaus der Barmherzigen Brüder zog er am 15. November 2019 ins Regensburger Altenheim Elisabethinum. Am 24. Dezember äußerte er den Wunsch, die ganze Heilige Nacht hindurch beten zu wollen. Doch kurz darauf traf ihn an jenem Nachmittag ein Schlaganfall, dessen Folgen ihn für die letzten Wochen seines irdischen Lebens auf verschiedenen Ebenen immer weiter einschränkten. Auch diese letzte Phase seines Pilgerweges lernte er in Treue und Liebe aus Gottes Hand anzunehmen. Er «betete auswendig den Schlußteil der *Weihe meiner selbst als Ganz-Brandopfer an die barmherzige Liebe des lieben Gottes.* Ja, er liebte es, diesen Teil auf französisch mit denselben Worten wie Therese zu beten. Während seines Aufenthalts im Elisabethinum betete er mit seiner Freundin von Lisieux diese *Weihe meiner selbst* jeden Tag»:[139]

«Afin de vivre dans un acte de parfait amour, je m'offre comme victime d'holocauste à votre Amour miséricordieux, vous suppliant de me consumer sans cesse, laissant déborder en mon âme les flots de tendresse infinie qui sont renfermés en vous et qu'ainsi je devienne martyre de votre Amour, ô mon Dieu ! Que ce martyre après m'avoir préparée à paraître devant vous me fasse enfin mourir et que mon âme s'élance sans retard dans l'éternel embrassement de votre miséricordieux Amour. Je veux, ô mon Bien-Aimé, à chaque battement de mon coeur vous renouveler cette off-

139 Zeugnis von Frau Michèle Altmeyer, die Ferdinand Ulrich in seinen letzten Lebenswochen in Regensburg begleitete. Vgl. Marie Françoise Therese vom Kinde Jesus und vom heiligen Antlitz, *Offrande de moi-même comme victime d'holocauste à l'Amour miséricordieux du bon Dieu,* Fest der Allerheiligsten Dreifaltigkeit am 9. Juni 1895.

rande un nombre infini de fois, jusqu'à ce que les ombres s'étant évanouies je puisse vous redire mon amour dans un face à face éternel !»

«Um in einem Akt vollkommener Liebe zu leben, weihe ich mich als Ganz-Brandopfer Deiner barmherzigen Liebe und bitte Dich, mich unablässig zu verzehren, die Ströme unendlicher Zärtlichkeit, die in Dir beschlossen sind, in meine Seele überfließen zu lassen, damit ich eine Märtyrin Deiner Liebe werde, o mein Gott. Möge dieses Martyrium, nachdem es mich vorbereitet hat, vor Dir zu erscheinen, mir endlich den Tod geben und meine Seele sich ohne Verzug aufschwingen in die ewige Umarmung Deiner barmherzigen Liebe. Ich will, o mein Viel-Geliebter, mit jedem Schlage meines Herzens Dir diese Weihe erneuern unzählige Male, bis daß ich, wenn die Schatten geschwunden sein werden, Dir in einem ewigen Angesicht-zu-Angesicht meine Liebe beteuern darf.»

Christus rief ihn, den innigen Marienverehrer, am 11. Februar 2020, dem Gedenktag Unserer Lieben Frau von Lourdes, heim in die Ewigkeit. So können wir für sein Leben wiederholen, was er bei vielen Gelegenheiten zu sagen oder in Briefen zu schreiben pflegte: «Deo gratias et Mariae.»

Bischof Stefan Oster bezeugte in seiner Predigt während des Requiems, wie Ferdinand Ulrich vielen, die ihm begegnen durften, zum geistlichen Vater wurde, wie er seine Gesprächspartner immer wieder vor unbequeme Fragen stellte: «Wo weigern wir uns aus Bequemlichkeit oder Furcht, ein Kreuz zu tragen, das uns reifer machen würde? Ja, es stimmt schon: Auch wenn der Professor ein so zugewandter und liebenswerter Freund und Bruder war; trotzdem: all das muss man auch lernen auszuhalten. Was es mir aber leicht gemacht hat, ihn auszuhalten: Seine Barmherzigkeit, seine Treue im Kleinen, seine unbedingte Liebe zur Wahrheit, seine Zuwendung, sein Zuhören, seine Fähigkeit, wirklich beim anderen zu sein, bei seinem Gesprächspartner. Auch war es für mich seine Liebe zu Christus, und seine Freundschaft mit den Heiligen, besonders mit Therese, der Kleinen von Lisieux. Und seine Sehnsucht, zusammen mit dem Heiligen Geist zu sprechen und zu handeln. Ich habe immer gespürt: Nie ging es ihm darum, dass der Gesprächspartner auf ihn, auf den Professor bezogen bleiben sollte, nie wollte er, dass die Studenten oder die von ihm Begleiteten seine Thesen deshalb wiederholen, weil es seine waren. Nie wollte er jemanden für sich selbst vereinnahmen. Aber immer wollte er zusammen mit dem anderen auf die Wirklichkeit hinsehen und verstehen lernen, was wahr ist, was gut ist für den anderen, was in die Freude führt – auch dann noch, wenn die Selbsterkenntnis weh tut.»

Ferdinand Ulrich wurde am 21. Februar 2020 in Mühldorf im Grab seiner Eltern beigesetzt. Das Grab befindet sich, vom Haupteingang des Friedhofs aus gesehen, auf der linken Seite in der dritten Reihe und hat die Nr. 160.

R I P
Ferdinand Ulrich
1894-1947
Adele Ulrich
1906-1975
Ferdinand Ulrich
23.2.1931–11.2.2020

Personenregister

Bildnachweis

Alle Fotos sind im Besitz des Autors mit Ausnahme der folgenden:

S. 22, Therese von Lisieux in der Pfarrkirche von Fulnek: Jozef Gruba
S. 30, Die Frau der Stille (hl. Anna, Fragment, 8./9. Jh., Kathedrale von Faras in Nubien, heute im Nationalmuseum Warschau): gemeinfrei
S. 38, Baracken in Mettenheim: Stadtarchiv Mühldorf
S. 38, Mühldorf, Stadtplatz 66, Aufnahme von 1928: Stadtarchiv Mühldorf
S. 38, Rucksack: Mit freundlicher Genehmigung der Familie Ulrich
S. 41, Altes Bild der Bäckerei Vitzthum in Mühldorf am Inn: Familie Vitzthum
S. 55, Pelikandarstellung in der Pfarrkirche von Fulnek: Jozef Gruba
S. 53, Primizbild J. Ratzinger: Fr. Richard Kunst - The Papal Artifacts Collection
S. 66, Anton Günther (Bildarchiv der Österreichischen Nationalbibliothek Wien; Archiv der Universität Wien): gemeinfrei
S. 74, Anmerkungen von Gustav Siewerth in Ulrichs Doktorarbeit: Martin Bieler
S. 75, Gustav Siewerth 1961 in St. Blasien: Archiv Hans Urs von Balthasar in Basel